KB208640

03
어린이와 고양이

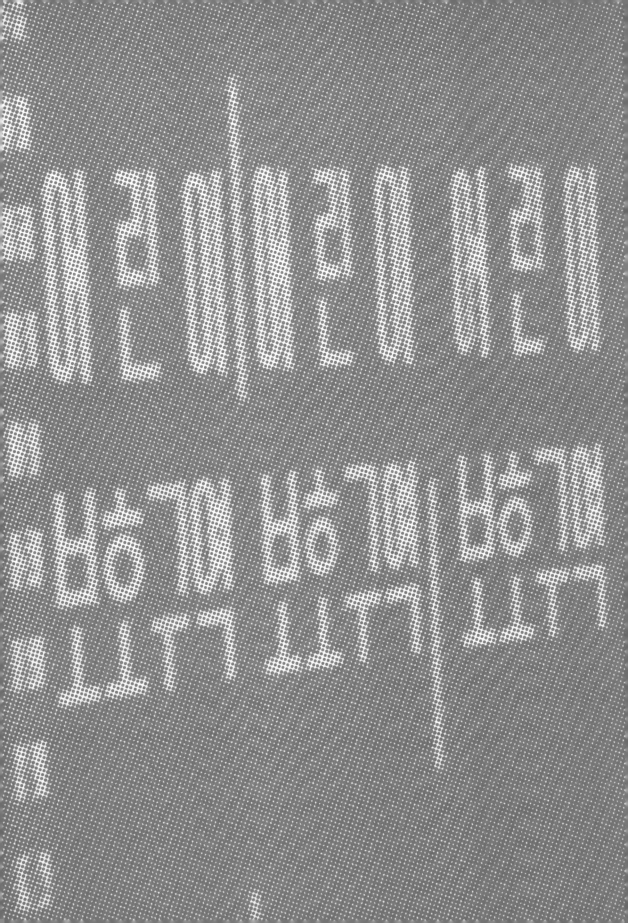

들어가며

둔촌주공아파트 동네고양이 이주 활동을 했다. 그 과정이 정재은 감독
다큐 〈고양이들의 아파트〉에 기록되었다. 영화를 본 사람들은 고양이들의
이후를 궁금해했다. 아파트 단지 안에서 살던 고양이가 250마리라는 명확한
숫자로 확인됐으니 그 고양이들이 지금 어디에서 살고 있을지 궁금해하는
것은 당연하다. 안타깝게도 모든 고양이 이동 경로를 다 따라가지는 못했다.
흩어진 고양이들을 오로지 직감으로 파악할 수밖에 없었다.

그중 아파트 인근 주택가로 넘어와서 자리 잡은 몇 마리 고양이들을 계속
돌보고 있다. 고양이 밥자리가 마냥 안전하게 보장된 것은 아니다. 매번
위태롭고 갈등에 노출되기도 한다.

어느 날 동네 어르신이 가던 길을 멈추고 고양이가 사료 먹는 것을 유심히
지켜봤다. 낯섦이 주는 긴장감을 풀기 위해 먼저 어색한 침묵을 깼다.
이 고양이들은 아파트 철거할 때 넘어온 고양이라는 것을 말씀드렸다.
그 어르신은 고양이들이 먼 걸음 했다고 고생했다고 했다. 사람 걸음으로
고작 몇십 걸음밖에 안 되지만 고양이 걸음으로는 수백 수천 걸음이라는
것을 아셨던 것이다. 이제 여기서 잘 지내면 된다고 하셨을 때, 마음의 무엇이
톡 풀어졌다. 애써 외면하고 있었던 두려움이란 감정이었는데 정확하게는
둔촌주공아파트에서 넘어온 고양이들이 새 동네에서 환대받지 못하면
어쩌나 하는 마음이었다.

어느덧 3호다. 그날 그렇게 환대를 경험한 후로 환대에 대한 새로운
눈이 열렸다. 우리가 사는 곳은 생각보다 환대에 야박하다. 특히 지난
5월 어린이날을 전후로 또다시 논쟁의 중심이 된 노키즈존이 그러하다.
노키즈존을 경험한 어린이들은 사회에서 배제와 혐오의 감각을 알게 되었을
것이다. 최근 경악스러운 일련의 동네고양이 학대 살해 사건도 또 다른
모습이다. 환대 받지 못하는 어린이와 동네고양이를 엮어보기로 했다.

처음 '어린이와 고양이'라는 주제를 제안했을 때 캣퍼슨 편집국은 고민에 휩싸였다. 그도 그럴 것이 우리는 어린이를 잘 모른다. 우리가 만난 어린이는 고작해야 TV 예능 프로그램에 나오는 착하고 말 잘 듣는 어린이나 아직 미숙하여 더 가르쳐야 하는 대상일 뿐이다. 3호를 준비하기 전까지 우리는 어린이에 있어서 아마 동네고양이를 잘 몰라 두려운 대상으로 여기는 사람들과 같은 처지였을 것이다. 먼저 어린이를 알아가기 위해서 우리 자신을 인터뷰했다. 각자의 어린 시절을 되돌아보고 기억을 끄집어냈다. 무심결 지나갔던 시간이었지만 그때가 없었으면 지금도 없다는 클리셰 같지만 중요한 깨달음이었다. 우리는 어른으로 자라기 바빴다. 그러나 우리도 어린이였다. 어린이와의 인터뷰를 앞두고 어떤 태도로 그들을 대해야 할지 걱정이 많았던 캣퍼슨 편집국에게 어린이 교양 잡지 《고래가 그랬어》 안현선 편집장은 어린이에게 편안하게 솔직한 이야기를 나누다 보면 우려했던 것과 달리 수월하게 대화가 잘 이어질 거라고 하셨다. 어린이는 동료 시민으로서 우리와 대화할 준비가 되어있다. 두려운 마음을 내려놓고 오히려 어린이를 더 믿기로 했다.

여러 지역에서 다양한 방식으로 동물에 대해 고민하고 활동하는 어린이를 만났다. 그들이 동물을 만나는 방식과 대하는 태도를 가만히 지켜봤다. 그들은 아직 세상을 모르는 미숙하고 가르침을 받아야 하는 존재가 아니었다. 동시대를 각자의 방식으로 함께 살아가는 동료 시민이었다. 제주도 냥사모 어린이들의 고양이 활동은 즐거운 놀이이자 삶에서 자연스러운 일이었다. '모두 늙어서 죽었으면 좋겠다' 캘리그래피의 주인공인 신소을 어린이는 어린이와 고양이가 처한 어두운 현실과 그들이 살기 좋은 곳에 대한 진지한 생각을 들려주었다. 신지은 어린이 그림은 동물원과 도시를 떠나는 동물을 생생하게 표현하여 인간 중심적 사회를 되돌아보게 한다. 동물에 대한 앎을 실천으로 이어가는 성미산학교의 똘추와 노랭이 인터뷰는 많은 생각을 갖게 했다. 대학입시가 전부인 학창 시절에 그들의 선택과 발걸음은 누구보다 단단하고 든든했다.

인천에서 '기찻길 옆 작은 학교'를 운영하는 김중미 작가는 동물 식구를
소개하며 공부방에서 어린이와 동물, 이모, 삼촌들이 소중하게 꾸려온 돌봄의
공동체를 보여주었다. 정치하는엄마들 활동가 강미정의 인터뷰에서 돌봄을
공공영역으로 끌어 올리기 위해 불꽃같이 달려온 5년간의 활동을 들어 볼
수 있었고 활동 중의 내적인 갈등과 고민이 비단 개인의 문제가 아닌 모든
활동가의 고민이라는 생각이 들었다. 재건축, 재개발 지역 고양이 활동가들과
함께한 탁! 워크숍은 고양이 돌봄을 조금 더 확장해 볼 수 있는 시간이었다.
활동가들은 자기자신과 서로를 돌보는 방법에 대해 탐색하고 고양이로부터
돌봄받은 경험을 공유하였다.

아동청소년문학 평론가 김지은은 고양이와 어린이가 주인공인 아동문학과
그림책을 소개한다. 책 속 어린이와 고양이는 동료시민으로서 그들을
존중한다는 것이 어떤 의미인지 깨닫게 한다. 철학 연구자 김동규는
환대의 철학자 레비나스를 통해 고양이에게 도덕적 책임을 다함으로써
만나게 되는 인생의 행운에 대해 이야기한다. 얼마 전 폐막한 2022년
서울국제어린이영화제 박일아 프로그래머는 어린이와 고양이, 그리고
지구의 목소리를 듣는 영화를 소개한다.

어린이는 여전히 미지의 존재이다. 그러나 앞에서 이야기한 어르신이
고양이의 먼 여정을 이해하고 그의 처지에 공감했듯이, 어린이 활동가들과
만나고 대화를 나누면서 어린이를 환대하는 일이 그렇게 어려운 일은
아닐지도 모르겠다는 생각이 들었다. 고양이와 어린이에 대한 혐오와 폭력이
난무한 것도 미지의 존재를 만나고 알아가겠다는 단순하지만 충실한 다짐을
잊어버려서 그런 게 아닐까. 매거진 탁! 3호를 통해 어린이와 고양이와 모든
미지의 존재를 환대하는 마음을 만나길 바란다.

뜨거운 여름,   모니터 앞에서
포도와 캣퍼슨 편집국

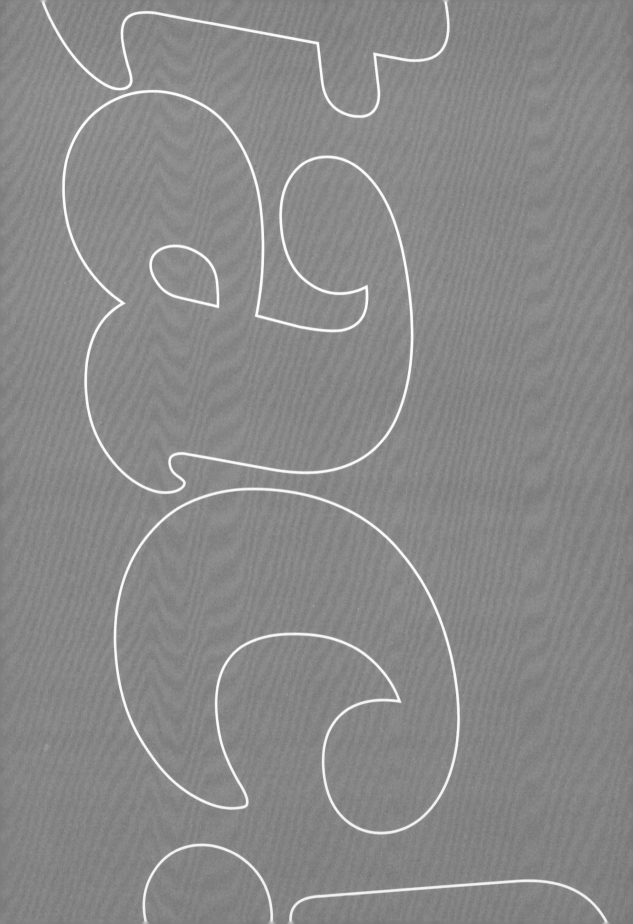

미지의 존재

#믹지

"오늘도   잘

interviewer podo
photographer holi yoon

부탁합니다"

푸른 제주도 고양이 탐험대

— 냥사모
왼쪽부터 임윤호, 정지윤, 박송이

어린이들이 탐험을 시작한다. 길을 나서기 전, 지윤이와 송이는 서로 팔짱을 낀다.
둘만의 순서가 있는데 그 규칙이 맞지 않으면 다시 팔을 돌려 낀다. 그 옆을 담담하게
걸어가던 윤호는 모퉁이 옆 건물 입구로 달려간다. 초입 계단을 올라가 경사로로
달려 내려와 두 어린이와 다시 합류한다. 이들은 매주 토요일 3시간씩 동네고양이
활동을 하는 냥사모 어린이들이다.

전날 김포공항 이륙 직전 시작됐던 빗방울이 다행히 제주도까지 내려오진 않았다.
한라산이 보일 정도로 청명한 제주였다. 어린이들이 동네고양이들을 만나러 가는
시간은 오후 3시 경이다. 귀덕초등학교 5학년 어린이들은 어떤 이유로 고양이
활동을 하게 되었을까?

> "지윤이가 전학을 왔거든요. 그때는 별로 친하지 않았는데
> 학교에서 행사가 있어서 같이 버스를 타고 오게 됐어요. 그러다
> 서로 고양이를 좋아한다는 것을 알게 됐어요. 그럼 같이 동네
> 고양이들을 돌보자고 이야기하고 버스 안에서 바로 모임 이름을
> 정했거든요. 원래는 고사모와 냥사모가 있었는데 고사모는 어감이
> 좀 그래서 냥사모가 됐어요."

구성원도 독특하다. 여자 어린이 혹은 남자 어린이만 모일 법도 할 텐데 남자 어린이 한 명에 여자 어린이 둘이다. 지윤이가 전학 오면서 고양이라는 공감대가 형성되어 활동을 시작하게 됐다. 그리고 송이와 원래 친했던 윤호는 고양이를 집에서 키우고 있어 고양이를 습성을 잘 알고 있다. 그러나 냥사모 회원이 될 수 있었던 가장 중요한 이유는 캔을 제일 잘 따기 때문이라고 한다.

"작년 7월 11일이었고 저녁 7시쯤 됐을 거예요.
곧 있으면 1주년이 돼요."

활동 장소로 이동하는 내내 어린이들은 연신 까르륵 웃었다. 무슨 이야기를 주로 할까? 점심밥 메뉴, 반 친구 이야기, 학교생활 스트레스 등 다양한 이야기들이 오갔다. 셋이 나란히 걷다가 좁은 길에서는 한 줄로 걷기를 반복했다. 십여 분을 걷다가 저 멀리 다리 하나를 가리킨다.

"저희끼리 무지개다리라고 부르거든요. 저 다리를 건너면
꼭 하는 게 있어요."

바다와 금성천이 만나는 초입에 놓인 다리는 올레길 코스다. 어린이들을 따라 다리를 건넜다. 다리 끝에는 현무암이 몇 개 놓여있었는데 그중에 한 바위가 조금 특이해 보였다.

"냥테네예요. 냥이와 아테네를 합친 건데요. 우리 수호신 같은
거예요. 작년 처음 활동을 시작할 때 이 돌멩이를 만났는데
고양이를 닮아서 앞에 간식을 주고 갔거든요. 그런데 그날
고양이를 많이 만났어요. 그 후부터 아주 정성스럽고 소중하게
다루고 있어요."

머리를 쭉 빼고 식빵을 굽고 앉아있는 모양새가 진배없는 고양이다. 어린이들은 익숙하게 냥테네 앞에 고양이 간식을 조금 놓고 머리를 쓰다듬었다. 본격적으로 고양이 활동을 하기 전에 치르는 그들만의 의식이다. 일 년째 꾸준히 동네고양이들의 안녕과 안전을 기원한다. 익숙하고 간결한 행동 하나하나에 그들만의 힘이 느껴졌다.

"오늘도 잘 부탁합니다."

캣퍼슨 편집국도 같이 마음을 모아 인사를 했다. 멀리서 취재하러 왔는데 고양이 한 마리도 못 보면 조금은 억울할 것 같기도 했다.

오늘 만나야 할 고양이는 오레오 색깔의 젖소 고양이 레오와 오랫동안 보지 못했던 오즈, 꼬리가 짧아서 뭉치라고 부르는 카오스 고양이, 빌리, 봉순이, 양말이, 장갑이 등이 있었다. 그러나 날씨 좋은 주말 제주도 해변가에는 안타깝게도 고양이보다 관광 온 사람이 반, 자동차가 그 나머지다.

       "원래 이렇게 차가 많나요?"

       "아니요. 원래 이렇게 많지 않아요. 그런데 오늘은 자동차가 진짜 많네요."

길을 걷는 동안에 인터뷰가 곤란할 정도로 차 조심을 외칠 수밖에 없었다. 어린이와 고양이 자동차 사고가 발생하는 장소 비율을 보면 대로보다는 인도와 차도가 혼재된 골목길에서 많이 발생한다고 한다.[1] 연신 차 조심을 외치고 앞뒤를 살폈다. 결국 걷기에 좁고 험하긴 하지만 차가 없는 현무암 길로 이동했다. 좁은 길을 걸으면서도 윤호는 돌 틈에 끼어있는 흰색 무언가를 주우며 걸었다. 자세히 보니 담배꽁초였다.

       "다 줍지는 못하지만 보이면 주워서 쓰레기 가방에 넣어요."

어린이들의 첫 번째 공식 밥자리 장소에 왔다. 도심 구석에서 밥을 주다 제주도 바다 배경의 고양이 밥자리를 보니 조금 낯설었다. 그러나 좋은 배경과 장소에는 사람들이 모이지 않을 리가 없다. 막 한 가족이 텐트를 치고 있었다. 분주한 분위기라 고양이가 올 턱이 없어 보였다. 일단 사료를 조금 담고 한쪽에 밀어놨다.

       "일단 돌고 다시 와봐야 할 것 같아요."

첫 번째 자리에 항상 나와 있던 고양이가 오질 않아서 어린이들은 캣퍼슨 편집국에 조금 미안해했다. 아직은 고양이 낮잠 시간이니 이따 돌아올 때는 분명 나와있을 거라고 안심시켰다. 묵직한 고양이 캐릭터가 그려진 가방을 들고 있던 송이가 사료와 캔을 꺼냈다. 가방에는 고양이 먹을거리가 한가득이었다. 그뿐만 아니라 썬로션과 캣닢 공도 있었다.

[1]   김강래, 〈보행중 교통사고 사망, 44%가 좁은 골목길〉, 《매일경제》, 2019년 4월 7일; 고은경, 〈고양이 로드킬, 수도권에서만 하루 55마리가 당한다〉, 《한국일보》, 2022년 2월 10일.

어린이와 고양이

"사료와 캔, 간식은 우리 돈으로 사요. 각자 용돈을 조금씩 모아서요.
아픈 고양이가 있었는데 그 고양이 약은 우리 돈으로 살 수 없어서
아빠의 도움을 받았어요. 아빠가 고양이 구내염 약을 사다 주셔서
캔에 타줬어요."

그 외 몇 군데를 같이 돌아봤다. 역시나 나와야 할 고양이들은 아직이다. 제비 때가
유난히 많았다. 건물 한쪽에 작은 둥지를 틀고 분주히 새끼를 먹이는 제비 가족을
한참 올려다봤다. 해수욕장 공터에 사는 콩이에 대한 이야기도 들었다. 콩이는
유기된 강아지인데 얼마 전에 새끼를 낳았다고 한다. 새끼들 이름은 강낭이, 완두,
아리라고 지어 줬다. 지난번에 보니까 생갈치를 먹고 있어서 사료를 놔뒀다고 했다.
그러나 아쉽게도 강아지 가족 역시 만나지 못했다.

초여름 곽지해수욕장은 관광객으로 북적였다. 바닷가 어린이들인지라 이곳을 그냥
지날 순 없다. 평소 활동하던 대로 해달라는 우리의 부탁에 원래대로 바닷가에서
조금 놀기로 했다. 모래사장을 걸으면서 윤호는 얼마 전, 이곳에서 연예인을 만나서
사진을 찍은 이야기를 해줬다.

"얼마 전에 유명한 래퍼가 왔어요. 사인해달라고 했거든요. 근데
우리 보고 잼민이라고 했어요."

"그거 어린이들을 나쁘게 이야기하는 말이래."

"그래서 옆에 있는 아저씨가 하지 말라고 하긴 했어요. 펜이 없어서
결국 핸드폰 메모장에 받았어요."

잠깐 바닷가에서 놀기로 했다. 밤에 몰래 나가서 민첩하고 조용하게 고양이 활동을
하고 귀가하는 도시 활동가에게는 이렇게 여유롭고 즐거운 활동이 조금 어색했다.
어쩌면 일상의 일부로 즐겁게 고양이 활동을 할 수도 있을 텐데 주변 사람들의
눈초리와 최근 여러 사건 사고로 그 작은 여유마저 사라진 것 같아 조금은 씁쓸했다.

해가 뉘엿뉘엿 지려고 한다. 같은 길을 되돌아가는 것을 '검토' 한다고 했다.
고양이들이 밥을 다 먹었는지 그리고 못 본 고양이들이 있는지 다시 확인하고 가는
거라고 했다. 마침 꼬리 짧은 카오스 고양이를 발견했다.

"뭉치다!"

능숙하게 접시를 꺼내서 사료와 캔을 담고 뭉치 앞에 내놓는다. 어느 시원한 곳에서
한숨 푹 자고 왔을 고양이는 아직 잠이 덜 깬 표정이지만 진수성찬을 마다할 리가
없다. 고양이 앞에 옹기종기 앉아있는 어린이들 뒤로 관광객들도 무슨 볼거리가
있나 싶어 따라 쳐다본다.

뭉치가 밥을 먹고 있는 동안 바닷가 쪽에서 레오가 지나간다. 이번에는 닭가슴살을
곱게 찢어서 그릇에 담아 내놓았다. 레오는 사람이 많은 게 어색한지 일단 후퇴를
한다. 어린이들은 익숙한 듯 밥을 조용한 곳에 놔두고 멀리 피한다. 고양이에게
너무 많은 간식을 주면 좋지 않다고 나직이 윤호가 말한다. 간식은 기름기가 많고
영양분이 없어서 고양이 건강이 안 좋아지기 때문이라고 덧붙였다.

고양이들이 밥 먹는 걸 유심히 쳐다보는 어린이들은 말이 없다. 고양이 만나러 가기
전까지만 해도 수많은 이야기가 오고 갔는데 고양이가 밥 먹을 때는 그 모습만
조용히 관찰한다. 시간 여유가 있을 때는 고양이가 다 먹을 때까지 지켜보다가 주변
정리까지 하고 온다.

'검토'하며 돌아가는 길에 흰 고양이를 만났다. 어린이들이 멀리서 단번에 발견하고
오즈라고 했다. 한 달 동안 만나지 못해서 애를 태웠던 그 고양이였다. 아무래도
냥테네에서 빌었던 진심이 전달된 것 같았다. 오즈는 양쪽 귀 앞부분이 빨갛게 부어
있었다. 다른 고양이들과 싸운 것 같다. 꼬리 부분도 상처가 나있었는데 다음에 올 때
뿌리는 항생제를 가지고 와서 뿌려주기로 했다. 원래 통통했던 고양이인데 잘 먹지
못했던 것처럼 보였다. 허겁지겁 먹어서 안쓰러운 마음에 평소보다 사료를 듬뿍
부어줬다. 오즈 뒤로 비슷한 흰 고양이 한 마리가 조심스럽게 다가왔다.

제주도에는 보통 길거리에서 보기 힘든 흰색 고양이가 어렵지 않게 보인다. 우주대스타로 유명한 히끄 역시 제주도에서 유기된 고양이였다고 한다. 터키시 앙고라종으로 추정되는 고양이가 제주도에 많이 유기된 것 같다. 제주도 고양이 활동가의 말을 빌리자면 여행을 왔다가 고양이를 잃어버리거나 버리는 사람들이 생각보다 많다고 한다. 육지에서 동물과 함께 제주도로 들어올 때 반려동물증이나 칩 확인 등의 절차가 법적으로 강화될 필요성이 있다.

한동안 보지 못했던 고양이도 만나서 그런지 어린이들의 돌아가는 발걸음이 한결 가볍다. 돌아가는 길에도 지윤이와 송이는 그들만의 방식으로 다시 팔짱을 낀다. 그리고 그 뒤를 조용히 따라 걷던 윤호는 아까 올 때와 마찬가지로 모퉁이 건물에서 경사로로 올라가 계단으로 달려 내려온다. 어린이들은 걸어가면서 마틴 루서 킹의 세계 인권 선언문을 읊기 시작했다. 얼마 전 학교에서 배웠다고 한다. 인권 선언문을 외우며 고양이 돌봄 활동을 하는 어린이들의 모습이 낯설었지만 한편으로는 다행이라 생각됐다.

—　오늘 활동은 어땠나요?

윤호　고양이들이 카메라 앞에서 포즈도 잘 취해주고 그래서 재미있었어요.

송이　한 달 동안 못 봤던 오즈가 나와서 기분이 너무 좋았어요.

지윤　인터뷰한 게 처음인데 인터뷰해서 좋았고요. 고양이들을 많이 봐서 좋았어요.

—　냥사모 활동은 토요일 하루만 하는데 평일에는 고양이 밥을 누가 챙겨주나요?

송이　한 동네에 살아서 각자 따로 고양이들을 만나요. 지윤이가 많이 챙겨줘요.

—　지난 1년 동안 꾸준히 냥사모 활동을 했는데 기억나는 일이 있을까요?

송이　저는 고양이 모임을 하면서 고양이가 소중하게 느껴지는데 얼마 전 어떤 아저씨가 고양이를 학대해서 죽인 일이 있었어요. 저희 동네에서 일어난 일인데 너무 슬펐어요.

—　그런 사람들에게 하고 싶은 이야기가 있을까요?

윤호　학대는 나쁜 거야. 학대하면 잡혀가.

송이　고양이는 생각보다 매력적인 동물이기 때문에 조금만 더 자세히 보면 예뻐. 마음의 여유가 있었으면 좋겠어요.

—　고양이 밥을 주고 싶어 하는 사람도 있을 것 같아요. 어떤 조언을 해줄 수 있을까요?

송이　고양이는 보통 생선을 좋아하는 걸로 알고 있는데 그보다는 고기나 닭가슴살을 좋아해요. 사료와 캔이랑 같이 주면 잘 먹어요.

윤호　처음 고양이를 만나면 낯설잖아요. 밥 줄 때 고양이 키에 맞춰 앉아서 줘야 더 친근해져요. 몸을 낮춰서 눈높이를 맞춰줘요.

지윤　길에서 사는 고양이들이 더럽다고 생각하는 사람들이 있는데요. 고양이들은 매일 몸 단장을 해서 더럽지 않아요. 그리고 까마귀 급으로 정말 잘 기억해요.

—　만일 고양이와 이야기할 수 있다면 무슨 말을 하고 싶어요?

지윤　저는 진짜 고양이랑 이야기하고 싶은데요. 아프면 꼭 말해줬으면 좋겠어요.

송이　저는 혹시라도 이후에 그 능력을 잃게 되더라도 말이 통할 때 우리끼리 시그널 같은 걸 만들어서 서로 알고 있었으면 좋겠어요. 아프면 오른쪽 눈을 깜빡이고 배고프면 왼쪽 눈을 깜빡 거리는 거처럼요.

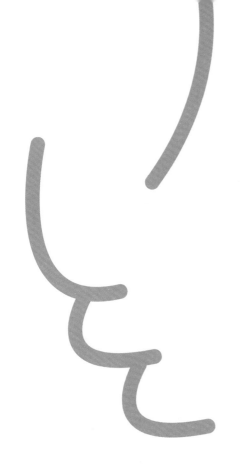

— 냥사모로 같이 활동하면서 좋은 점이 뭐예요?

지윤 원래 안 친했는데 활동하면서 친구들이랑 더 친해진 것 같아요.

송이 윤호는 고양이들을 잘 발견하고 각자가 잘 하는 역할이 있는 것 같아요. 그래서 좋아요. 안 그러면 혼자 쓰레기 가방이랑 다 들고 다녀야 돼요.

윤호 같이 하면 더 친해질 수 있고요. 고양이들과 정도 더 많이 쌓을 수 있어요.

— 앞으로 냥사모의 계획은 어떻게 될까요?

송이 중학교 가서도 계속 하고싶어요. 우리 중 누가 전학 가지 않는다면요.

윤호 내년에는 더 활동이 강화됐으면 좋겠어요. 중성화도 같이 했으면 좋겠어요.

송이 사실 우리와 같이 하고 싶은 친구 두 명이 더 있었어요. 고양이 하면 왠지 홀수 느낌이 나서 냥사모 회원은 꼭 홀수로 맞추고 싶었거든요. 아쉽게도 그 두 명은 시간이 안 맞아서 같이 못 했어요.

지윤 원하는 친구들도 언제나 우리와 같이 할 수 있어요. *tac!*

모두   늙어서

죽었으면
좋겠다

— 신소을
2021년 동네고양이 달력에 캘리그라피
"모두 늙어서 죽었으면 좋겠다"를 쓴
성북초등학교 4학년 신소을입니다.

interviewer podo
photographer podo

어린이가 말하는 죽음은 어딘가 어색하다. 어른으로서 어린이에게 좋은 것만 보여주고 싶은 마음 때문이다. 하지만 도처에 깔린 흔한 죽음과 슬픔은 어린이라고 해서 피해 가지 않는다.

동네고양이 사진작가 김하연 씨가 제작한 2021년 달력 표지에는 어린이 글씨로 "모두 늙어서 죽었으면 좋겠다"라는 문장이 적혀있다. 달력 제작을 위해서 디자이너였던 이화상점 이예슬 씨 부탁으로 따님인 신소을 어린이가 꾹꾹 눌러 적은 글귀다.

이후 2년의 시간이 지났지만, 이 문장은 여전히 도시에서 동네고양이 삶의 애환을 밀도 있게 보여준다. 문득 이 문구를 쓰던 어린이는 어떤 마음으로 세상을 바라보고 있을까 궁금해졌다.

어린이 소을,
고양이 철이와 미애

—— 이름과 소개 부탁드려요.

소을 성북초등학교 4학년 신소을입니다.

—— 소을이는 집에서 고양이들과 같이 지내고 있다고 들었어요. 고양이 소개 좀 해주세요. 고양이들 이름이 뭐예요?

소을 철이하고 미애예요.

—— 오, 철이와 미애는 유명한 가수이름인데 혹시 아나요?

소을 네, 알아요.

—— 어떻게 철이와 미애가 지금 소을이네 집에서 같이 살게 됐나요?

소을 금보랑 소룡이라는 고양이하고 어릴 때부터 같이 살았는데요. 제가 7살 때 두 마리가 다 무지개다리를 건넜어요. 그 후에 엄마한테 집이 필요한 고양이가 있는데 입양할 수 있냐고 전화가 왔어요. 그래서 지금까지 3년째 같이 살게 됐어요. 처음 데리고 올 때부터 이름이 철이와 미애였어요. 이름을 안 바꾸고 그대로 부르고 있어요.

—— 철이와 미애는 길에서 살았던 고양이들이에요?

소을 산이요. 산에 버려졌대요. 거기서 살 수 없어서 집으로 들어왔어요. 원래 주인이 있었는데 그 사람이 산에다 버렸어요. 철이랑 미애는 한집에서 같이 살던 쌍둥이 고양이예요. 둘이 똑같이 생겼어요.

—— 진짜요? 어떻게 생겼어요?

소을 고등어 무늬 갈색인데요. 흰 부분은 많이 없어요. 배 부분은 흰색이에요.

씬스틸러 미애(앞)와 철이(뒤) 그리고 소을

왼쪽부터 소을, 미애, 철이

— 오, 고등어 고양이네요. 철이와 미애는 소을이
랑 잘 지내나요?

소을 네, 잘 지내는데 가끔 좀 힘들긴 해요. 모래에
오줌을 싸기도 하는데 가끔 철이가 제 방 근처에
다가 실례를 해요. 그게 철이가 산에서 살 때 아
무 데서나 볼일을 봐서 그런 게 아닌가 싶어요.

— 3년 전에 두 고양이를 처음 만났으니 소을이
1학년 때네요. 처음 큰 고양이가 집에 왔을 때
좀 무섭게 느껴지진 않았어요? 철이와 미애
를 처음에 만났을 때가 기억나요?

소을 저는 전혀 안 무서웠어요. 제가 태어날 때부터
소령이랑 금보가 있어서 익숙했어요. 그런데
철이와 미애 둘이 사람을 피해서 막 도망 다녔
어요. 그래도 지금은 가끔 제 옆에서 같이 자요.

— 철이와 미애와 조금 더 친해지기 위해서 한 게
있을까요? 장난감으로 놀아준다든지 맛있는
걸 준다든지요.

소을 장난감보다는 먹는 걸 좋아하는데요. 철이는
츄르를 잘 먹는데 미애는 고양이 간식 중에서
치즈 맛을 특히 좋아해요.

— 쌍둥이인데도 입맛이 다르네요.

소을 철이와 미애 둘이 우당탕탕 잘 싸워요. 그러다
가 또 좋아하면서 그루밍도 막 해주고 그러죠.
그루밍해주다가 철이가 물면 미애가 철이를
할퀴는데 그럼 또 싸워요.

— 고양이와 이야기할 수 있는 능력이 있다면 무
슨 말을 하고 싶나요?

소을 지금도 철이와 미애와 짧은 말은 조금 할 수
있어요.

— 어떤 이야기요?

소을 똥 치워 달라고 할 때요. 그때는 엄청 길게 이야
기해요.

모두 늙어서
죽었으면 좋겠다

— '모두 늙어서 죽었으면 좋겠다' 달력이 기억이
나나요?

소을 2학년 때라서 잘 기억은 안 나는데요. 그때 엄
마가 달력을 만들고 있었어요. 제게 조금 도와
달라고 해서 글을 썼는데 그때 좀 슬펐어요.

— 왜 슬펐는지 물어봐도 될까요?

소을 죽음이라는 주제가 조금은 무거웠던 것 같아요.

— 소을이가 2학년 때였으니 이해하기에는 조금
어려웠을 것 같아요.

소을 제가 태어날 때부터 같이 살던 금보와 소룡이
가 7살 때 갑자기 무지개다리를 건넜어요. 금
보가 심장마비로 떠나고 소룡이도 이후에 하
늘나라에 갔어요. 그때 기억이 났어요.

— 소을이가 7살 때인데도 그 일에 대한 기억과
슬픔이 남아있었네요. 두 고양이들이 오래 살
았으면 더 좋았을 텐데요. 마음 아픈 일이지만
나눠줘서 고마워요.

— '모두 늙어서 죽었으면 좋겠다'라는 말에서 '모두'는 누구일까요?

소을 고양이들이요, 길에서 사는 고양이들. 동네에서 같이 살던 고양이가 사고로 일찍 죽는 게 아니라 오래오래 사람들이랑 같이 살다가 나이가 들어서 죽었으면 좋겠다는 마음으로 썼어요.

— 소을이가 보기엔 길에서 사는 고양이들은 어떻게 살고 있는 것 같아요?

소을 고양이들이 배고파서 굶거나 아니면 사람들이 버리거나 해서 나이 들 때까지 사는 게 쉽지 않은 것 같아요.

— 소을이 생각에는 고양이들은 왜 늙어서까지 살지 못하는 것 같아요?

소을 사람들 때문에요.

— 사람들 때문에요?

소을 차도에서 고양이가 로드킬로 죽고요 산 같은 자연이 줄어들고 도시로 다 바뀌면서 고양이들이 살 곳이 없어졌어요.

어린이와 고양이가 살기 좋은 세상

— 소을이는 학교 끝나고 어디서 놀아요?

소을 저희 동네 학교 근처에 바닥 놀이터라는 곳이 있는데 거기서 주로 놀아요. 미끄럼틀 같은 건 없고 바닥에다가 그림 그리거나 땅따먹기 하면서 놀아요.

— 어머, 땅따먹기는 저희 어릴 때도 했어요. (웃음) 그럼 놀이터에서 친구들하고 놀 때 시끄럽다고 못 놀게 하거나 그러진 않나요?

소을 놀이터 앞에 카페 사장님이 가끔 잘 챙겨주세요. 뭐라 그러지 않아요. 만약에 어른들이 거기서 놀지 말라고 하면 좀 속상할 것 같아요.

— 소을이가 가고 싶은 곳에 어른들이 못 오게 한 적이 있나요? 혹시 노키즈존을 알고 있나요?

소을 엄마랑 카페에 갔는데 노키즈존이라고 못 들어오게 했어요. 어른들은 들어와도 되고 어린이들은 못 들어온다는 게 차별하는 것 같아서 좀 억울했어요.

— 어떤 사회가 어린이가 살기 좋은 곳 같아요?

소을 안전하게 놀 수 있는 곳이요. 차도 많이 없고요.

— 그럼 어떤 사회가 고양이와 함께 살기 좋은 곳일까요?

소을 자연이 많이 있는 도시요. 그 도시에는 사람도 살고 동물도 살고요. 동물을 안 쫓아냈으면 좋겠어요. 그런 도시가 살기 좋은 도시인 것 같아요. 저희 할머니께서 제주도에 사시는데 바다라는 길고양이를 돌봐주시거든요. 바다가 맨날 바다 주위에서 노는 걸 보니까 제주도에서 살면 좋겠다는 생각이 들었어요. 그리고 고양이를 잘 보살펴주는 동네는 좋은 동네일 것 같아요. 그 동네의 고양이들은 늙어서까지 살 수 있을 것 같아요. *tac!*

모두 늙어서 죽었으면 좋겠다.

살기 위해
도망친

— 신지은
애니메이터가 꿈인 11살
신지은입니다.

동물들

신지은, 〈살기위해 도망친 동물들〉, 2022, 캔버스에 아크릴.

안녕하세요.

**저는
이 그림을
그린**

**초등학교
4학년**

**신지은
입니다.**

그림의 제목은 '살기 위해 도망친 동물들'이에요. 제목을 이렇게 지은 이유는 동물은 동물원이 아닌 자연으로 돌아가야 한다고 생각하기 때문이에요. 어릴 때 동물원에 서너 번 간 적이 있어요. 동물들을 보면서 '저 동물들도 원래 살던 곳에서 가족과 같이 살고 싶지 않을까?' 하고 생각했어요. 왜 동물이 인간을 위해서 관상용으로 살아야 하는지 모르겠어요. 동물들은 인간을 위해 희생하고 싶지 않았을 텐데 억지로 끌려온 거라고 생각해요.

이 그림을 그리게 된 계기는 길거리 여우들의 험난한 삶을 다룬 책 《어린 여우를 위한 무서운 도시 이야기》이에요. 이 책은 여우들이 사람에게 잡혀서 가죽 공장에 갇혔다가 탈출하는 이야기를 담고 있어요. 아주 무섭고 감동적인 이야기였어요. 이 이야기를 읽고 그림으로 표현하고 싶었어요.

그림에서 도망치고 있는 동물들은 여우, 호랑이, 북극여우, 밍크에요. 동물을 랜턴으로 비추고 있는 사람은 사육사이고요. 사육사는 동물을 자신의 소유물이라고 생각하는 나쁜 사람이에요. 여우는 평생 넓은 세상을 보지 못하고 관상용 동물로 살다 죽는 게 싫어 동물원에서 탈출하기로 결심했어요. 여우는 기절한 것처럼 연기해서 사육사가 문을 열고 들어오게 한 다음 열린 문틈으로 빠져나갔어요. 중간에 사육사가 막아섰지만, 여우가 위협하는 척해서 겨우겨우 빠져나갈 수 있었지요. 우리 바깥을 나오는 것은 처음이었던 여우는 동물원 안을 좀 헤매야만 했어요. 주변에 갇혀있는 다른 동물들에게 물어보면서 출구로 가는 길을 찾았어요. 그러자 다른 동물들이 여우에게 자기들도 데려가 달라고 해서 다 같이 나가기로 했어요. 밍크가 무리 중 제일 똑똑했기 때문에 여우와 친구들에게 많은 도움을 주었어요. 그렇게 다 같이 출구를 찾아 빠져나갔고, 달리고 달려서 도시에 도착했어요. 차가 쌩쌩 다니는 도로를 간신히 건너니 수풀이 보였어요. 그런데 수풀 뒤로 사육사가 쫓아왔고, 사육사는 플래시를

비추며 '너희는 절대 빠져나갈 수 없어!'라면서 위협했어요. 하지만 동물들은 결국 사육사를 따돌리고 도망치는 데 성공했고 모두 숲으로 돌아갈 수 있었어요. 숲에서 자신의 동족들을 만났지만, 여우, 호랑이, 북극여우, 밍크는 서로가 친구라는 점을 잊지 않았어요. 그리고 모두 오랫동안 행복하게 살았답니다.

저는 동물을 좋아해요. 동물을 보면 행복을 느껴요. 동물이 상처받는 것을 보면 마음이 아프고, 동물이 행복해하는 모습을 보면 마음이 기뻐요. 현재는 강아지 모카와 함께 살고 있어요. 모카는 산에서 태어난 강아지 중 한 마리였어요. 보호소에 있다가 임시보호처에 있던 두 달 된 모카를 입양해서 1년 넘게 같이 살고 있어요. 모카는 겁이 많아서 자주 겁에 질린 모습을 볼 수 있어요. 도망치는 동물들의 표정을 그릴 때도 모카의 표정과 TV 프로그램에서 강아지가 스트레스 시그널을 보이던 장면을 생각하면서 그렸지요. 모카와 살아 보니 배우는 게 많아요. 강아지는 행복도 주고, 건강도 줘요. 강아지를 대하는 태도를 배우면서 다른 사람들을 대하는 태도까지 배울 수 있어요.

동물과 관계를 맺는 것은 서로 가족이 되는 거예요. 또 동물을 위해 할 수 있는 것을 최선을 다해서 하고 싶어지는 것, 서로 존중하는 것이라고 생각해요. 사람들이 길에서 유기된 동물을 만나면 잘 보살펴주고, 될 수 있다면 좋은 사람들이 유기 동물을 입양하면 좋겠어요. 또 길에 사는 동물이 아무리 더럽고 사나워도, 사람에게 해가 된다고 해도 잘 보살펴주고 잘 살게 해줘야 한다고 생각해요.

마지막으로 동물을 좋아하는 사람들이 한 종만 좋아하지 말고 모든 동물을 좋아했으면 좋겠어요. 동물을 싫어하는 사람들에게도 '동물은 사람에게 해가 된다고 할지라도 존중해야 하는 생명이다.'라고 말하고 싶어요. 사람이 동물에게 해를 입히지 않는 세상을 바라요. *tac!*

서로 돌보는
주체들

\#불
매

우리 식구들을
소개합니다

— 김중미

1987년부터 인천의 오래된 동네에서 '기찻길 옆 작은 학교'를 공동체로 운영해 왔고, 2001년 귀농해
강화에서 농촌공동체를 꾸려가고 있다. 2000년 《괭이부리말 아이들》로 어린이청소년 작가로
활동하기 시작했고, 고양이와 개가 주인공인 동화 《꽃섬고양이》와 청소년소설 《그날 고양이가 내게로
왔다》가 있다. 최근작으로는 《곁에 있다는 것》, 《너를 위한 증언》이 있다.
instagram @jungmi.kim.73

기찻길 옆 작은 학교는 인천의 오래된 동네에 있는 방과 후 공부방이다. 1987년 조선기계제작창 노동자들의 줄사택이 있는 골목의 판잣집에서 시작해 아직도 그 자리를 지키고 있다. 그곳은 쥐와 길고양이들의 집이기도 하다. 만석동은 일제강점기 때 병참기지였던 곳으로 지금도 그때의 공장들이 그대로 남아 있다. 2010년대 들어서면서 빈 공장이 들어서고, 주변에 아파트가 들어서는 등 얼마간의 변화가 있지만 만석동은 여전히 가난한 사람들, 그리고 힘없는 길고양이들이 살기에 좋은 곳이다. 1998년 판잣집이었던 공부방 옆에 작지만 튼튼한 콘크리트 건물을 지어 이사했다. 그러면서 1층과 2층 사이 층계참을 길고양이 급식소로 내놓았다. 그러자 줄사택의 슬레이트 지붕을 타고 길고양이들이 와서 밥을 먹기 시작했다.

새 공부방이 안정이 찾아갈 무렵인 2001년 우리 부부는 강화 양도면으로 귀농했다. 강화 집은 공부방 어린이, 청소년, 청년과 이모삼촌들의 쉼터이자 공동체의 거점이다. 우리가 귀농을 하자 지인들이 자신들의 반려견을 한 둘씩 맡겼다. 남편이나 나나 동물을 좋아하는 사람들이었지만 개들을 처음 돌보기 시작했을 때는 실수도 많았다. 그래서 병으로, 혹은 교통사고로, 더러는 나이가 들어 무지개다리를 건넌 아이들에 대한 미안함을 아직도 떨쳐내지 못하고 있다. 아무튼 그렇게 떠맡게 된 개들이 한두 마리 늘 무렵 버려진 개들이 우리 마당으로 모여들었다. 때로는 임신한 채 버려지고 아픈 상태에서 버려지기도 했다. 스스로 우리 집을 찾아 들어온 개들을 내쫓을 수 없었다. 도시의 가난한 동네에서 이웃과 어린이, 청소년들과 함께 살아온 우리는, 우리 곁을 찾아온 동물들에게도 곁을 내어주기로 했다.

노랑이와 어린이들

1.
공부방
고양이
노랑이

기찻길 옆 작은 학교에는 열한 살 된 공노랑이 있다. 노랑이는 판잣집 지붕 위를 걸어 공부방 급식소로 밥을 먹으러 오던 고양이 가족의 삼대 손녀쯤 되었다. 처음에는 어미를 따라 급식소에 오다가 형제자매들이 하나둘 떠난 뒤에도 공부방 주변에 남았다. 그리고 어느 날 새끼를 낳아 데리고 왔다. 새끼들이 재롱을 떨 만큼 자랐을 때 동네에 파보바이러스가 돌았다. 노랑이의 새끼가 한두 마리씩 사라지던 어느 날 저녁, 깡마른 노랑이가 새끼 한 마리를 물고 공부방 현관 앞에 와 울었다. 그때 공부방에 있던 수연 이모는 새끼와 노랑이를 데리고 곧장 동물병원으로 갔다. 병원에서는 파보바이러스에 감염이 된 새끼고양이는 살릴 수 없다며 고개를 저었다. 수연 이모는 새끼 고양이를 데려와 어떻게든 살려보려고 애썼지만 사흘 만에 무지개다리를 건넜다. 아기를 잃은 슬픔 때문인지 노랑이는 멀리 가지 않고 공부방 곁을 맴돌았고 공부방 아이들도 새끼를 잃은 노랑이에게 마음을 주기 시작했다.

하루는 공부방 아이들이 노랑이 입에서 침이 나온다며 큰일 났다며 발을 동동 굴렀다. 동물병원에서는 구내염이 너무 심해 발치 수술밖에 방법이 없다고 했다. 고통스럽기 짝이 없다는 발치 수술을 한 뒤 노랑이는 수연 이모와 공부방 아이들의 돌봄을 받아들였다. 그리고 다시 2년 뒤 자궁 수술을 받았다. 수술을 해도 살 확률이 50%가 안 된다고 했지만 고통스러워하는 아이를 그대로 둘 수는 없었다. 공부방 아이들도 노랑이를 꼭 살려야 한다고 돈이 많이 들어도 수술을 해주자고 했다. 그렇게 수술을 한 노랑이는 우리에게 50%의 기적을 보여주었다. 노랑이는 점점 공부방 수연 이모의 무릎을 탐하고, 공부방 아이들이 자기를 쓰다듬도록 허락했다. 노랑이는 아이들이 학교에서 공부방으로 오는 오후 2시가 되면 현관 앞에서 아이들을 기다렸다. 그리고 아이들이 공부방에서 공부를 하거나 프로그램을 하면 자기도 들어오겠다고 졸랐다. 공부방에 고양이 알레르기가 심한 친구들과 이모삼촌이 있어 함께 살 수 없는 형편인데도 밤마다 문을 열라고 떼를 부렸다. 결국 현관문에 고양이 문을 냈다. 그리고 잠은 현관 안에서만 자게 허락했다. 노랑이는 그냥 노랑이가 아니라 공부방 노랑이, 공노랑이 되었다. 그 노랑이가 2021년 백혈병 판정을 받았다. 수의사는 나이가 열 살이 넘은 노령묘라 치료의 효과를 장담할 수 없는 데다 다달이 수십만 원 하는 약값과 검사료가 부담스러울 것이라며 조심스럽게 안락사를 권했다. 그러나 아이들은 노랑이와 이별할 준비가 전혀 되어 있지 않았다. 우리는 노랑이의 치료를 결정했다. 이번에도 공부방 상근자인 수연 이모가 돌봄을 자처했다. 공부방 3층의 목공작업실에 노랑이의 침실을 마련하고 하루에 두 번씩 약을 먹였다. 모래화장실을 거부하던 노랑이는 자기가 병이 든 걸 아는지 실내배변을 받아들였다. 그리고 조금씩 백혈구 수치가 내려갔다. 노랑이가 백혈병 치료를 한 지 8개월이 지났다. 노랑이의 약값과 검사료는 아직도 큰 부담이다.

공부방은 지방자치단체나 국가의 지원을 받는 단체가 아니고, 30년 가까이 함께해 온 공부방 교사인 이모삼촌들의 품앗이와 후원자들의 후원금으로 운영되는 곳이다. 그래서 경제적으로 어려운 형편이라 노랑이의 치료비는 또다시 이모삼촌들이 공부방 운영비와 별도로, 공부방 어린이, 청소년들의 학비 지원이나 병원비 지원 등으로 쓰고 있는 '수호천사' 계좌에서 나간다. 노랑이를 비롯한 길고양이처럼 집이 없거나 가족이 없는 어린이, 청소년들은 없지만 경제적으로, 때로는 정서적으로, 질병으로 어려움을 겪는 친구들이 있어 때때로 노랑이에게 들어가는 약값과 검사료에 대해 돌아보게 된다. 그러나 공부방에 오는 아이들이 노랑이를 포기하지 않는 한 우리도 노랑이를 포기할 수 없다. 노랑이 역시 그걸 아는 것처럼 꿋꿋하게 병을 이겨내고 있다. 우리 아이들에게 노랑이는 희망이다. 초등부 아이들은 노랑이가 치료를 시작한 뒤 한 달 넘게 공을 들여 노랑이를 위한 그림책을 만들었다. 아이들에게 노랑이는 자신들이 지켜야 할 소중한 생명이고, 친구고, 가족이다. 노랑이와 우리가 영원할 수 없다는 걸 알지만 최선을 다해 그 곁을 지키고 싶다.

깜언

노랑이 곁에는 2년 전 공장에 버려졌던 유기견 빌리가 있다. 빌리도 피를 토하고 발작을 할 정도로 심장사상충이 심했다. 빌리 역시 공부방 상근자인 이모삼촌의 돌봄으로 위기를 넘겼다. 성묘, 성견으로 만난 노랑이와 빌리는 친구가 되었다. 빌리는 자기 집을 노랑이에게 내준다. 노랑이한테 날마다 맞으면서도 빌리는 노랑이를 사랑한다. 공부방 아이들은 그 모습을 보며 생명을 지닌 모든 존재들의 어깨동무를 배운다. 몇 살인지 나이를 알 수 없는 빌리, 열한 살이 된 백혈병 환묘 노랑이가 아이들 곁에 얼마나 있을 수 있을지 모르지만 우리는 그 희망을 지키고 싶다.

2. 함께 살아가는 동물들에게

'깜언'

며칠 전부터 강화 집 마당에 새로운 얼굴이 등장했다. 이번엔 길고양이가 아니라 강아지다. 마당에 있는 네 마리 개 중 반달이를 꼭 닮은 가슴에 하얀 털이 있는 까만 강아지다. 얼핏 봐서는 두세 달 정도 된 아이인데 산에서 태어나 버려진 것인지, 새끼 때 버려져 이만큼 자란 것인지 알 수 없다. 분명한 것은 사람 손을 타보지 않았다는 거다. 벌써 일주일째 마당에 자리 잡고 있는데 우리에게 곁을 주지 않는다. 자기를 꼭 닮은 반달이가 어미(아비)라고 생각해서 안정감을 느끼는 건지 하루 종일 반달이 곁을 맴돈다. 반달이 역시 첫날 잠깐 짖으며 경계를 하더니 이제는 제 새끼처럼 물고 빤다. 이틀 전부터는 반달이 옆 동이와도 친해져 동이네 집에서 잠도 잔다. 둘 다 검둥개라 그런지 서로 가족이 되었다. 마당 맨 구석, 열다섯 살이 된 까칠한 구름이 할아버지도 와서 꼬리를 치며 애교를 부리는 녀석을 귀엽게 봐준다. 그런데 우리에게는 곁을 주지 않는다. 사람 곁으로 다가오질 않으니 앞으로가 걱정이다. 그래도 이름은 일찌감치 지었다. '깜언' 베트남 말로 고맙다는 말이다. 그런데 녀석의 등장을 고맙다고 해야 할지 말지 아직 확신이 서지 않는다. 아직 어린 녀석이라 쓰레기봉투를 찢어 놓거나 농기구 선반을 헤집어 놓고 물건을 여기저기 물어다 놓는다. 조금 귀찮기는 해도 그 정도는 얼마든지 견딜 수 있다. 문제는 우리 마당으로 밥을 먹으러 오는 길고양이들이다.

왼쪽부터 깜언, 반달, 동이

어린이와 고양이

강화 집 주변은 먹이와 깨끗한 물이 풍부한 편이라 길고양이들이 살아가기에 나쁜 환경은 아니다. 산길에서 만나는 길고양이들은 대체로 건강했다. 그런데 4년 전 봄, 비리비리 마르고 어딘가 아파 보이는 노랑이 한 마리가 와서 개 사료를 훔쳐 먹었다. 그래서 얼른 고양이 사료로 바꿔주었다. '봄'은 그때부터 하루에 두 번씩 꼬박꼬박 밥을 먹으러 왔다. 귀와 뺨에 진드기를 붙이고 오면 습식사료에 약을 섞어 먹이고, 누군가와 영역싸움을 하다 다치고 오면 소염제를 사료에 섞어 먹이는 식으로 돌봤다. 봄이는 밥 내놓으라고 야옹거리기는 해도 조금만 다가가도 학학거렸다. 그래도 며칠 안 보이다 오면 꼭 현관문 앞에서 큰소리로 야옹거리며 자기가 왔다고 신고를 한다.

작년 이른 봄부터는 임신한 고양이 한 마리가 더 오기 시작했다. 가만히 보니 마을에서 가끔 보이던 아이였다. 태어난 지 1년도 채 안 돼 임신을 해 가끔 밭 근처에 밥을 놓아주던 아이였다. 그런데 우리 목소리를 아는 건지, 배가 고파 온 건지 집까지 올라오기 시작했다. 냉이꽃과 꽃다지의 작은 꽃망울 사이로 앙증맞은 얼굴을 내밀고 밥을 기다리는 모습이 예뻐 '꽃님'이라고 이름을 지었다. 꽃님이가 어딘가에서 출산한 딸들을 데리고 나타난 건 작년 여름이었다. 처음엔 세 마리였는데 나중에는 두 마리만 남았다. 주변에 너구리, 수리부엉이 등 고양이들을 해칠 수 있는 동물들이 있는 터라 새끼고양이들이 걱정이 되었다. 다행히 두 마리는 잘 자랐다. 우리는 두 아이에게 '원이', '두리'라는 이름을 지어주었다. 그러나 원이, 두리는 밥을 얻어먹는 것 외에는 관계를 맺는 걸 원치 않는 것 같아 가까이하지 않았다. 그 아이들이 야생성을 잃지 않고 살아주기를 바란다. 지금 우리 집에 있는 여섯 마리 고양이들은 모두 어딘가 아프거나 장애가 있는 녀석들이라 집안을 벗어나지 못한다. 봄, 꽃님, 원이, 두리가 산을 오르내리며 자유롭게 사는 모습을 보면 우리 여섯 고양이들이 가엽다.

그런데 며칠 사이에 '깜언'이라는 무법자가 나타난 것이다. 깜언은 이틀 만에 이 집 모든 곳이 자기 영역인 듯 헤집고 다니면서 밥 먹으러 오는 고양이들을 향해 짖기 시작했다. 깜언을 어떻게 해서든 잡아 병원에 데려가 검사도 하고 사람 손을 타게 해야 가족이 될 텐데 고민이다. 다행인 건 일주일쯤 되자 봄, 꽃님, 원이, 두리도 마당 식구들과 공존해야 하는 존재라는 걸 알게 됐는지 덜 쫓는다. 당분간 우리의 과제는 깜언과 친해지는 거다. 그래야 길고양이와 다섯 마리 개들의 평화로운 공존이 지속될 수 있을 테니까.

농번기인 요즘 농촌은 해가 뜨자마자 일어나 움직여 해가 질 때까지 일이 쉴 틈 없이 바쁜 때다. 그런데 항상 이렇게 바쁠 때 사달이 생긴다. 요즘은 셋째 고양이 레오가 2020년에 이어 항문낭이 곪아 터졌다. 병원에서도 이제는 새살이 오르도록 잘 치료하는 것뿐이라는데 레오가 많이 지쳤다. 아빠에게 몸을 맡기고 하루에 세 번 소독을 하고 연고를 바르는 걸 받아들이는 녀석을 보면 기특하지만 아홉 살이라는 꽤 많은 나이에 자꾸 병치레를 하니 걱정이다. 어느새 열한 살인 모리를 시작으로 레오, 마리, 크레마도 아홉 살이다. 앞이 안 보이는 크레마는 요도 수술을 한 뒤 7년 가까이 별다른 병치레 없이 잘 지내고 다섯 살인 행복, 또리도 잘 지내는데 요즘 모리와 마리, 레오가 번갈아가며 아프다. 늙고 보니 나도 몸이 여기저기 아프다. 사람이야 아픈 몸을 받아들이고 사는 법을 익혀가겠지만 우리 마당 식구들과 여섯 고양이들은 오래오래 건강하면 좋겠다. 우리 여섯 고양이들은 저마다 아픈 기억을 안고 있는 공부방 아이들의 마음을 쓰다듬어 준 고마운 친구들이다. 대 식구와 함께 살다 보니 돌봄 노동의 끝이 보이지 않지만 우리는 이 아이들이 늘 고맙다. "깜언" *tac!*

왼쪽부터 깜언, 두리 원이

돌보면서 정치하기:

돌봄 정치의 기쁨과 슬픔

writer mumu

photographer podo

시민단체 정치하는엄마들의 창립부터 5년 동안 현장의 가운데에
있던 강미정 활동가는 잠깐 활동을 멈추고 구례에 와있었다.
정치하는엄마들은 5년이라는 짧은 기간에 엄마와 어린이의
목소리 그리고 돌봄 문제를 공적인 영역으로 끌어올리는 데
괄목할 만한 성과를 냈다. 강미정 활동가는 아이를 돌보는
엄마이자 정치하는엄마들의 활동가로서 달려온 불꽃같은 5년을
어떻게 기억하고 있을까. 엄마와 어린이가 거쳐온 길은 캣맘과
고양이가 거쳐온 길과 그리 멀지는 않을지도 모른다.

— 강미정
탈서울의 우연한 기회가 생겨 전남 구례에서 장기 체류 중인 서울 출신 유자녀 기혼여성.
정치하는엄마들 전 공동대표. 구례에 오자마자 병풍 같은 지리산 능선과 햇볕과 바람에
충격을 받고 로컬에서 삶의 터전을 만들 수 있을지 궁리 중. 인식 깊이 자리 잡은 자연을
대상화하는 이분법적 사고에서 벗어나고 자연의 일부로서 살아가기 위해 노력 중.
자녀들의 구례 생활을 보며 자연과 놀 권리가 아동의 성장에 어떤 영향을 미치는지 관찰 중.
instagram @guryegoon

정치하는엄마들, 강미정 활동가를 소개합니다.

— 안녕하세요, 자기소개 부탁드립니다.

강미정 저는 시민단체 정치하는엄마들 활동가이고요. 올해 3월까지 공동대표로 있었어요.

— 정치하는엄마들은 어떤 단체인가요?

강미정 정치하는엄마들은 돌봄을 수행하는 사람들과 돌봄을 받는 사람들의 권리를 옹호하는 단체에요. 굉장히 넓은 개념인데 특히 엄마를 내걸고 정치를 하겠다고 표방한 단체예요. 엄마 하면 긴 역사 동안 사적인 영역에 있는 사람으로 인식되잖아요. 아이 양육도 가정에서 여성이 담당하는 영역이지 공적으로 논의되는 문제는 아니었어요. 근데 엄마가 되고 보니까 이건 공적인 문제인 거예요. 적합한 사회적 조건이 없으면 아이를 키운다는 건 굉장히 힘든 일인 거예요. 정치인은 해결할 의지가 없고 당사자가 정치를 해보자 하고 이름도 그렇게 짓고 여러 가지 활동을 했죠.

— 정치하는엄마들은 어떻게 모인 단체인가요? 활동가님은 이 활동을 어떻게 시작하셨는지요?

강미정 19대 국회의원 장하나 의원이 임기를 마치고 한겨레에 '장하나의 엄마 정치'라는 칼럼을 쓰기 시작했어요. 경험해 보니까 혼자 아무리 국회 안에서 외친다 해도 결국에는 당사자들이 정치에 관심 갖고 목소리를 내고 요구하지 않으면 사회에서 아이 키우는 문제는 해결이 안 된다는 걸 느꼈던 거예요. 왜냐면 20

대 국회의원 평균 재산이 41억 원, 평균 연령 55.5세, 83%가 남성인데 이런 데서 돌봄을 위한 법이 만들어지지 않을 거란 거죠. 그러니 동의하는 사람들은 한번 모여달라 하고 칼럼에다가 추신을 단 거예요. '4월 22일 서울 대방동 여성플라자로 오세요'라고요. 그분도 그렇게 써놓고 긴가민가 했대요. 근데 거기에 진짜 모인 거죠.

— 활동가 님도 그곳에 가신 거고요.

강미정 네, 저도 100일 된 둘째 아기 띠 하고 갔어요. 그때 전국 각지에서 모인 약 30명이 시작이었어요. 각자 사연이 있는데 엄마로서 겪은 서사는 다 공감이 되는 거예요. 결국은 개인의 문제가 아니구나, 내가 능력이 부족해서 아니면 조건이 안 좋아서 아이 키우는 게 힘든 게 아니었구나, 이 사람도 그랬고 저 사람도 그러면 이건 사회 구조적인 문제라는 걸 다 공감한 거죠. 사회를 변화시키지 않으면 우리 아이들도 이런 문제를 겪을 거다. 그러니 결국엔 정치라는 걸 해야 된다 하고 2개월 뒤인 2017년 6월에 단체가 창립됐죠.

— 정치하는엄마들에서는 주로 어떤 활동을 해왔나요?

강미정 맨 처음에 했던 게 2018년 국무조정실 상대로 비리 유치원 명단 정보공개 행정소송을 하면서 사립유치원 비리 문제를 공론화한 거였어요. 결국 2년 뒤에 유치원 3법 통과시키는 데 결정적 역할을 했죠. 그리고 22년째 동결 중이었던 어린이집 급·간식비 최저 기준 1745원을 예산 증액 운동을 벌여 1900원으로 올렸고요.❶ 대형 프랜차이즈 M사 햄버거를 먹고 용혈성 요독 증후군(햄버거병)에 걸린 아이가

---

❶ 2020년 3월부터 적용되는 어린이집 급·간식비 최저기준은 만 0~2세 1745원 → 1900원, 만 3~5세 2000원 → 2500원으로 인상되었다. 권현경, 〈어린이집 급식비 기준 드디어 개정… 1745원 → 1900원〉, 《BabyNews》, 2020년 1월 7일.

있었는데 누구나 피해자가 될 수 있는 식품위생 문제라고 생각해서 대장균 햄버거 유통 사실을 은폐한 기업과 정부에 책임을 묻기도 했었죠. 또 공무원 육아휴직이 3년 이내인데 반해 일반 노동자의 육아휴직이 1년 이내인 점에 대해 육아휴직 차별에 대한 평등권·양육권 침해 헌법소원을 청구해 심사가 진행 중이에요. 그리고 아이들이 미디어의 영향을 많이 받는데 영유아 대상 미디어를 같이 보다 보면 성별 고정관념, 차별, 혐오 표현이 상당해서 제도 개선이나 인식 변화를 촉구하는 다양한 미디어 감시 활동도 벌이고 있어요.

—— **정말 많은 활동을 하셨네요. 방금 말씀하신 활동 말고도 환경, 장애인, 노동자, 동물권 이슈에도 목소리 내고 계시던데요. 활동의 방향성은 어떻게 설정된 것일까요?**

강미정 왜냐하면 엄마가 아이들 키우는 환경을 생각하다 보니까 한 분야만 다룰 수가 없더라고요. 아기일 때는 육아 문제, 좀 더 크니 보육기관 문제, 더 크니까 교육 문제도 보이고요. 처음부터 엄마로서 겪는 모든 문제에 대해서 다 열어놓고 문제를 제기하고 그 문제에 관심 있는 사람이 두세 명 모이면 텔레그램의 소모임 방을 개설해서 얘기하다가 다 같이 논의하기 때문에 단체가 다루는 주제가 되게 많아요.

공적 돌봄이 실현된다면

—— **최근 "돌봄사회로의 대전환"을 촉구하며 11개의 단체와 함께 돌봄공공연대를 발족하셨다고 들었습니다. 어떤 배경이 있었던 걸까요?**

강미정 누구나 살아가면서 돌봄을 필요로 하잖아요, 태어나서 죽을 때까지. 그럼에도 돌봄은 개인의 책임으로 치부되고, 주로 여성에게 책임이 전가되고 돌봄의 가치는 저평가되어 왔어요. 그러다 코로나19로 돌봄 공백 문제가 심각해지면서 돌봄이 중요한 사회적 의제로 가시화되었는데 새 정부의 정책 방향성이 돌봄 공공성을 강화하는 대신 민간과 자본의 역할을 확대하는 기조를 보이고 있어 노동·시민사회에서 돌봄에 대한 국가의 책임을 강화할 것을 요구하기 위한 활동기구를 발족했어요.

학교도 마찬가지인데요. 코로나19로 학교가 문을 닫으면서 역설적으로 학교의 존재 의미가 단순히 학습에만 국한되어 있는 것이 아니라 아이들이 더불어 살아가는 법을 배우는 사회화의 공간이자, 최소한의 안전을 보장하는 공간이자, 한 끼 정도는 균형 잡힌 식사를 할 수 있는 생존을 위한 공간, 즉 돌봄과 사회화의 공간이라는 게 생생하게 드러났어요. 학교가 학원과 달라야 하는 지점도 바로 여기에 있지 않을까요. 교육이 돌봄을 아우르는 교육복지로 거듭나야 한다고 보는데 교육부는 돌봄의 책임을 지자체로 넘기려고 하고 그나마 운영 중인 초등 돌봄교실도 민영화하려고 하고 있어요. 코로나 확산세가 지나가면서 학교는 정상화되었지만 이번 계기로 학교가 돌봄을 아우르는 영역이 되어야 한다고 주장하고 있어요.

—— **사회적 모성을 실현하기 위한 방법으로 공적 돌봄, 그것도 학교에 의한 공적 돌봄을 주장하는 걸까요?**

강미정 그렇죠, 그 갈래에 있죠. '사회적 모성'이라는 게 미래세대를 키우는 돌봄의 문제를 생물학적 여성만의 문제가 아니라 국가 차원에서,

강미정 활동가
반려묘 모찌.
모찌는 유기된
고양이었다.

공적인 영역에서 의제화해야 한다는 것이니까요. 그러려면 학교 안에서의 돌봄을 비롯한 공적 돌봄을 확대하고 학교가 학교행정이나 공급자 중심이 아닌 아동 중심의 교육복지 공간으로 거듭나야 한다고 생각해요. 양육자들이 어쩔 수 없이 학원을 보내는 이유가 돌봄 공백 때문이기도 하거든요. 공적 돌봄을 보장받지 못하는 초등 저학년 학생들은 일명 학원 뺑뺑이를 돌죠.

— **학교가 아닌 지역이나 혹은 시민 공동체를 통해 공적 돌봄을 하는 방향에 대해서는 어떻게 생각하시나요?**

강미정 학교와 지역을 분리하자는 것은 아니고요. 학교와 지역이 함께 키워나가는 것이 최선이라고 봐요. 그런데 지역마다 처한 상황이 다 제각각이고 현실적으로 지역 안에 제일 많은 곳이 학교이고 인프라가 갖춰진 것도 학교인데 굳이 학교를 두고 돌봄을 학교 담장 밖으로 넘기는 것은 잘못된 것 같아요. 학부모와 학생은 교육부의 책임 아래 학교라는 공간에서 돌봄을 받을 권리가 있어요.

그리고 개인적으로는 공동체가 실제로 있는지 체감을 못 했어요. 아파트 단지에서 커뮤니티를 만들어서 공동양육 하는 안을 내놓기도 하더라고요. 잘 되면 좋겠어요. 그런데 아파트에 살면서 정작 옆집에 누가 사는지 모르는 경우도 많잖아요. 온 마을이 아이들을 함께 키워야 한다는 말이 많이 회자되는데 어디에 그런 마을이 있을지 어떤 모습일지 마을 공동체가 무엇인지 경험해 본 적이 없었어요. 그런데 여기(구례) 와서 보니까 또 다른 경험을 하게 되더라고요. 여기에는 마을 선생님이 계세요. 동네 애들 모아서 한문 가르치시고 주민센터에서 소독약 좀 뿌려달라고 하면 소독차 끌고

소독하는 일도 하시고 이것저것 마을 일을 하세요. 마을 돌아다니시다가 애들 만나면 같이 계곡도 가고요. 놀이와 배움이 마을에서 이뤄지더라고요. 일이 있을 때 아이들을 맡아주셔서 돌봄 공백을 메우기도 했어요.

— **여기에 마을 공동체가 있네요. 도심에서는 보기 어렵지만요.**

강미정 네, 특수한 거죠. 이게 보편화될 수는 없는데 마을공동체가 있구나, 이렇게 살아갈 수 있구나 싶어요.

— **공적 돌봄이 실현됐을 때 엄마와 어린이의 삶은 어떻게 변화할까요?**

강미정 아이들은 돌봄을 받을 권리, 건강하게 자랄 권리, 안전하게 자랄 권리도 있는데 그동안 침해받아 왔다고 생각해요. 학교가 전인적인 인간을 성장시키는 공간으로 변화해서 돌봄을 제공한다면 아이는 행복하게 잘 클 수 있을 것 같아요. 그리고 엄마의 삶도 말할 필요도 없이 행복해지겠죠. 돌봄을 필요로 하는 사람과 산다는 건 삶의 시공간이 뒤바뀌어버리는 일이거든요. 아이를 돌본다는 게 행복하기도 하지만 정신적으로나 신체적으로 엄청 소모되잖아요. 여성 양육자 개인에게만 전가되고 있던 돌봄의 책임을 나누고 아이를 같이 키워나갈 수 있다면 정말 좋을 것 같아요.

미디어가 보는 어린이,
어린이가 보는 미디어

— 최근에 아동이나 엄마들에 대한 혐오가 심화되고 있다고 느껴집니다. 미디어 감시활동을 하시면서 어떻게 느끼셨나요?

강미정 저도 더 심해졌다고 봐요. '주린이', '헬린이'처럼 '-린이' 붙이는 것도 한창 유행처럼 쓰여서 초록우산재단에서 쓰지 말자고 대대적으로 캠페인하더라고요. 어린이 비하라든지 엄마 혐오는 나아지지 않고 더 심해지는 것 같아요.

— 더 심해지는 이유가 뭘까요?

강미정 결국 이것도 정치 문제겠죠. 지금도 차별금지법 제정할 생각 안 하고 눈치 보고 있듯이 법을 만드는 사람들 중에서 혐오나 차별에 대해서 적극적으로 나서는 사람이 없잖아요. 그리고 민간 미디어가 활성화되어 있는데 상업성을 위해 자극적인 말을 해도 이걸 제재할 수 있는 국가 정책이나 법이 없으니까 더 혐오가 심화되는 것 같아요.

— 정치하는엄마들에서는 이런 문제를 해결하기 위해서 미디어 감시 활동을 해오신 것 같은데, 주로 공적인 미디어에 제재를 가하는 방식으로 활동하셨던 걸까요?

강미정 유튜브 같은 민간 미디어는 저희가 제재할 방법도 없고 표현의 자유도 논쟁거리가 될 수 있어 건드릴 수 없었어요. 공영방송은 분명히 공적인 책무가 있고 거기에서 시정 조치가 나오면 아래로도 변화가 있지 않을까 기대했죠. 1년 동안 EBS 유아동 프로그램의 애니메이션과 스튜디오 프로그램을 전수조사했어요. 여성과 남성의 수는 몇 명인지, 여성의 체형은 어떤지 등등 체크리스트를 개발해서 조사했는데 역시나 주인공의 75퍼센트가 남성이고, 여성은 주로 말랐고, 도전적이고 문제 해결 능력이 있는 캐릭터는 남성이고 장애인 캐릭터도 단 한 명도 없더라고요. 이 결과를 성평등 모니터링 보고서로 발간하고 EBS에 문제 제기를 했죠. 그랬더니 시정하겠다, 노력 중이다, 실무자들 중 여성 비율이 높아 이런 문제의식이 있다, 이 정도 답변을 받았죠.

— 형식적인 답변이네요.

강미정 네, 형식적인 답변으로 마무리가 되더라고요. 그래서 다음 해에도 모니터링을 하고 있었는데 〈포텐독〉이라는 애니메이션이 너무 폭력적이고 범죄를 희화화하는 거예요. 불법 카메라로 사람 촬영해서 협박하고 피해자는 "미안해. 내가 잘못했어"라고 응하는 내용이 나오는 거예요. 방송통신심의위원회에 문제 제기해서 심의에도 가고 국정감사에도 EBS 사장이 불려가서 시정하겠다고 했어요. 저희가 제작 가이드라인을 같이 만들자고 했었는데 더 진행은 안됐고요. 지금은 기사 속 혐오 표현 모니터링도 하고 있는데, 미디어 속 혐오는 국가적으로 문제의식을 갖고 같이 움직이지 않으면 풀기 참 어려운 문제 같아요.

— 며칠 전 EBS 〈딩동댕 유치원〉이 100주년 어린이날을 맞아 개편을 했는데 장애인 어린이, 다문화 가정 어린이가 함께 나왔다는 소식을 들었어요.❷ 정치하는엄마들의 영향 아닐까요?

강미정 저희가 보고서를 발간했을 때 〈딩동댕 유치원〉만 몇십 년 하시고 〈보니하니〉도 하신 분이 유아특임국 국장이셨는데 그분은 그동안

---

❷ 40년동안 방영되어온 〈딩동댕 유치원〉에서 장애, 다문화 어린이가 등장한 것은 처음이라고 한다. 이밖에도 '체육을 좋아하는 소녀', '문학을 좋아하는 소년' 등 고정적인 성역할을 벗어난 캐릭터도 등장했다. 금준경, 〈딩동댕유치원 '휠체어 탄 어린이' 등장이 의미하는 것〉, 《미디어 오늘》, 2022년 5월 19일.

잘하고 있는 줄 알았대요. 더 노력하겠다고 실무자들 대상으로 교육도 하겠다고 하셨었는데. 바뀌었구나. 진짜 절대적인 영향이 되었을 것 같아요. 너무 기쁘네요.

—— 2021년 3월에 정관을 개정하면서 이제 '아이'를 '아동'으로 바꾸고 사업 부분의 주체를 '엄마'에서 '엄마와 아동'으로 추가하셨는데 어떤 배경이 있었던 걸까요?

강미정 엄마들 사이에서 아이라는 단어는 낮게 보는 거고 아동이라고 해야 동등하게 보는 거라는 의견이 나왔고 아동이 나이가 적을뿐 동등한 권리 주체라는 것을 반영하기 위해서 정관을 그렇게 바꿨어요.

—— 엄마들이 실제 삶에서 아동을 돌보기도 하면서 한편으로는 아동을 동등한 주체로서 바라보면서 활동하는 게 쉽지는 않았을 것 같아요. 왜냐하면 보호 대상인 동시에 주체적인 존재로 바라봐야 하니까요.

강미정 저도 깨우쳐가는 과정인 것 같아요. 저희가 아이들이 나와서 이야기해야 할 얘기를 대신 나서서 얘기를 하는 거니까 그런 고민 많이 해요. 아동 관점에서 봤을 때 우리가 하는 활동이 아동에게 불편하거나 피해를 주지 않는지 항상 함께 생각하려고 하죠. 아동 관점에서 아니다 싶으면 언니들(정치하는엄마들 호칭)이 문제 제기를 하더라고요. 어디를 갈 때도 아동 돌봄이 되는지 확인하고 우리는 아동과 함께 가야 되기 때문에 돌봄 제공해야 한다고 하면 거기서 돌봄을 마련하기도 해요. 저는 그런 것까지는 생각을 못 했거든요. 저도 모르게 배우는 게 많아요.
  그런데 되도록 아이들을 드러내지 않고 이

야기하려고 해요. 어디선가 의도치 않게 상처 받을 일이 생길 수 있으니까요. 최근에 헌법 소원을 청구한 '아기 기후위기 소송'처럼 아이들이 전면에 나설 필요가 있는 경우엔 동의하에 기자회견에 참여하거나 하죠. 이번에 기후위기소송을 한 아이 엄마랑 아이가 함께 기자회견을 했는데 시간이 길어지면서 아이들도 기다리는 걸 힘들어했거든요. 저희도 그 상황이 괴롭고 그랬던 기억이 있네요.
  개인적으로도 늘 갈등이었어요. 아이를 볼 것인가 일을 할 것인가 두 선택지 앞에서 일은 마감이 정해져있으니까 현실에서 애한테 소리 지르고 애들의 목소리를 잘 못 들어줬어요. 항상 일이 먼저였던 것 같아요, 저는 엄마가. 그래서 되게 미안하기도 했어요.

—— 아이는 엄마가 정치활동을 하는 것을 어떻게 받아들이고 있나요?

강미정 제가 했던 활동을 옆에서 듣고 친구들과 이야기하면서 문제 제기도 하고, 제가 바빠서 애들 잘 못 놀아줄 땐 싫어하기도 해요. 제 아이들에게 자주 얘기해요. 너희들한테 권리가 있고 부당하게 침해됐을 때는 누가 대신 싸워서 해결 안 해주니까 네가 문제 제기해야 한다 숨지 마라 이렇게 얘기하죠. 근데 아직은 어리니까 부끄러워서 싫다고 해요. (웃음)

—— 일하는 엄마들은 죄책감을 느끼지 않기 어려운 것 같아요. 모성 신화를 해체해야 한다, 너무 엄마의 탓으로만 돌리면 안 된다 이런 얘기들도 있잖아요. 그렇지만 실생활에서는 죄책감을 느끼지 않기 어려운 거겠죠?

강미정 죄책감이 되게 많이 느껴지더라고요. 여성주의의 역사에서 여성의 자기 결정권은 주요 화

두었지만 기혼 유자녀 여성의 모성은 논의가 잘 안 되었잖아요. 모성이라는 건 어찌 보면 여성의 자기 결정권과 대립 관계처럼 보이기도 하고요. 결혼을 통해서 가부장제 안으로 들어가서 (제도를) 재생산하는 거니까요.

근데 우리는 페미니즘적인 의식을 가지면서도 누군가를 돌보는 위치에 있다 보니까 우리만이 할 수 있는 이야기가 계속 생겨나는데 이제까지는 주로 아동의 권리에 집중된 활동을 많이 했고 기혼 여성으로서의 위치에서 얘기할 수 있는 경력 단절이나 그런 문제에 대해서는 많이 얘기를 못 했어요.

이것도 저희 단체에서 비판적으로 숙성돼야 되는 지점인데 원래 우리가 표방한 문제는 엄마 되고 나서 겪은 여성으로서의 좌절감과 경력단절 같은 사회 구조적인 문제였고 여전히 그걸 이야기하고 싶은 엄마들도 많은데 단체 들어오면은 아동 이슈가 주로 논의가 되니까 이런 얘기 하면 안 되나 하면서 쉬이 의견을 제시하기가 어려운 지점이 없지는 않았다고 봐요.

—— **사회에서도 엄마는 아이 먼저라는 통념이 있으니까 정치하는엄마들 내부에서도 그런 압박이 있었던 걸까요?**

강미정 맞아요. 모성을 탈피하려고 했는데 결국에는 모성이 또 중심이 되었네요. 사업의 방향성을 연초에 회의를 해서 잡는 게 아니라 이슈가 있으면 그거에 대응하는 식으로 활동하다 보니까 큰 목표를 잡고 활동하지 않아요. 그래서 우리가 원래 하려고 했던 게 뭘까, 그걸 잃은 걸까 고민이 되긴 했어요.

—— **그러면 정치하는엄마들에서 그동안 엄마와 관련해서 했던 이야기나 앞으로 하고 싶은 이야기가 있을까요?**

강미정 그동안 꾸준히 얘기했던 것은 사회적 해고라고 할 수 있는 경력단절 문제예요. 유자녀 기혼여성의 경우 일과 돌봄 사이에서 하나만 선택해야 하잖아요. 지금 아이가 없더라도 아이를 키우고 싶은데 경력이 걱정되어서 고민하는 여성도 있을 거고요. 자기 자신으로 살아가면서도 아이를 키워나가려면 제도적으로도 육아휴직이 실효성 있게 보장되어야 한다고 주장해왔어요. 육아휴직을 공무원과 비공무원이 동등하게 보장받아야 한다고 헌법소원심판을 청구한 것도 그 일환이고요. 헌법 결과가 나오면 본격적으로 기업의 변화를 촉구하거나 사회에 이 문제를 의제화시킬 수 있을 것 같은데, 기혼여성이 일과 돌봄 사이에서 택일해야 하는 이 문제가 앞으로 더 이야기되어야 하는 중요한 문제 같아요.

돌보는 사람들의 시민운동

—— **엄마들이 정기적으로 모여서 활동하는 게 쉽지 않을 것 같아요. 활동은 어떤 형태로 진행되나요?**

강미정 온라인의 역할이 컸죠. 텔레그램 안에서 맨날 밤에 애들 재우고 얘기하는 거예요. 처음부터 어떤 형태가 있었던 게 아니고 누가 한 문제 던지면 그거에 반응하면서 함께 만들어갔던 것 같아요. 시간이 좀 남은 사람이 밤에 엑셀 작업하고 또 시간 남는 사람이 뭐 하고, 이런 식으로 해서 굴러왔죠.

그러다가 창립 1년 뒤에 유치원 3법으로 이슈가 되어서 후원금을 모을 수 있었어요. 그래서 그 후원금으로 사무국을 만들어서 장하나 언니하고 저하고 실무를 맡아서 했어요. 여러 가지 일을 했어요 기자회견 준비하면 전날 현수막 디자인부터 보도자료 쓰고 기자들한테 메일로 알리고 언론 인터뷰도 하고 근데 이슈가 너무 많으니까 진짜 바빴어요. 그래서 활동 시기가 짧은 거에 비해서 큰 의제를 다루고 성과를 낸 게 두드러진 경우라고 하더라고요.

— 짧은 시간에 큰 성과를 낼 수 있었던 이유가 뭘까요?

강미정 기존 시민단체는 제가 잘 몰라서 감히 모르겠지만, 소수의 활동가 중심으로 돌아간대요. 새로운 활동과 젊은 활동가의 유입이 원활하지 않은 게 현재 시민운동의 숙제라고 하더라고요. 근데 여기는 한 명이 주도해서 하는 게 아니고 2년마다 공동 대표를 바꾸고, 이 이야기 하는 사람 있고 저 이야기 하는 사람 있고 조직 자체를 이렇게 운영했던 게 장점으로 여러 가지 활동을 할 수 있었던 거죠.

— 텔레그램 방에서 주로 이야기를 하신다고요.

강미정 네, 텔레그램으로요. 많은 활동을 해서 사람들이 자주 모여서 머리 맞대고 친근하게 할 것 같잖아요. 정작 그렇게 안돼요. 4시 되면 어린이집 하원하러 가야 되니까 얘기할 시간도 없어요. 광화문에서 미친 듯이 기자회견하고 막 소리 지르고 퍼포먼스하고 급하게 지하철에서 헤어지고 그랬으니까요. 텔레그램의 여러 방에서 채팅으로 얘기하는 게 저희의 일하는 방식이었어요.

지금 생각해 보면은 그게 속도를 내고 여러 가지 의견을 모을 수 있다는 장점이 있었고 그 덕분에 단체가 이렇게 성장해 왔는데, 현장에서 실무를 했던 사람의 입장에서는 아무한테도 말 못 하고 마음에 품고 있던 이야기는, 일이 너무 많다는 거예요. 일이 많다는 게 아침에 무슨 일을 하겠다고 결심하고 사무실에 와도 그 일을 못해요. 왜냐하면 오전에 여러 가지 요청이 오고 누구 상담하고 아니면 운영 관련된 일도 하다 보면은 그 일을 항상 못하고 오고 그러면 애들 재우고 좀 하고 그렇게 일에 좀 치여서 했죠. 그러다 번아웃이 왔고 활동을 멈추게 됐죠.

— 번아웃이 올 수밖에 없을 것 같아요. 어떤 상황에서 활동을 멈추게 되었나요?

강미정 코로나다 보니까 이 단체 활동도 굉장히 축소되고 다 힘든 상황이라 활동을 할 수가 없잖아요. 그리고 (코로나 때문에) 아이가 종일 집에 있다 보니까 이제 일이 사무국 중심으로 돌아가는 거예요. 올해도 뭔가가 성과가 있어야 되는데 없는 것도 답답했고요 그런 상황에서 미디어 감시 관련해서 애니메이션 〈포텐독〉을 비판하는 보도자료를 하나 썼는데, 그것도 애들한테 치이면서 썼어요.

보도자료에는 미디어 리터러시[3]가 중요하다고 쓰고 애들한테는 아무 영상 보여주고, 밖에서는 아동 인권에 대해서 말하고 아동의 의견을 존중해야 한다고 말하면서 집 안에서 애들한테 소리를 엄청 질렀던 거예요. 글 쓸 시간을 확보하려고요. 지금 내가 뭐 하고 있나 싶었어요 그때 끈을 탁 놓게 되더라고요. 그리고 제가 애들을 잘 살피지 못한 게 첫째 성격에 영향이 오는 것 같아서 일단 내 아이를 봐야겠다 생각했어요. 그러던 차에 시골 유학 프로그램을 알게 되고 여기로 왔죠.

— 대의를 위해 일하다 보면 소진되는 게 참 속상하네요. 활동가가 번아웃을 방지할 수 있는 방법이 있을까요.

[3] 미디어 리터러시란 미디어가 전달하는 정보나 문화 콘텐츠에 적절히 접근하며, 이를 비판적으로 이해하고, 미디어를 활용하며 의미 있는 정보와 문화를 생산하고 전달할 수 있는 능력 및 윤리적으로 책임있게 미디어를 이용하는 태도를 뜻한다. 정현선 외, 〈핵심역량 중심의 미디어 리터러시 교육내용 체계화 연구〉, 《학습자중심교과교육 연구》 제16권 제11호(2016): 211-238.

강미정 글쎄요, 저도 알고 싶네요. (웃음) 아름다운 재단에서 4년 정도 공익 활동한 사람들이 휴식기 가질 수 있도록 지원금도 주고 안식년을 할 수 있도록 지원하는 것도 있긴 하더라고요. 그리고 활동가 대상으로 마음 상담 같은 것도 요즘 많이 있고요. 활동하다 보면 마음이 많이 다치잖아요. 그렇기는 한데 기본적으로 재정이 빠듯하다 보니까 전반적으로 열악하죠.

—— 돌보는 사람들도 모여서 시민운동을 하고 싶은 사람들이 있을 텐데 그런 분들에게 조언을 주실 수 있을까요? 돌보면서 시민운동을 한다는 것 자체가 너무 힘든 일인 것 같아요.

강미정 저희 단체는 불편하고 문제가 있다고 느끼면 다 정치적인 문제로 풀어요. 입법 활동이라든지 국회를 찾아간다든지 어떻게 정치적으로 연결시켜서 목소리를 낼까부터 생각해요. 국회 밖에서 문제 제기하는 것도 중요하지만 국회의원한테 가서 얘기하는 게 더 빠르더라고요. 그리고 문자 행동을 저희가 최초로 했었거든요. 회원들이 같이 움직여서 국회의원한테 전화하고 문자하고 하면 조직화되었다는 것에 국회의원들도 신경을 쓰더라고요.

—— 시민운동을 하시면서 돌봄이나 개인의 삶에 긍정적인 변화도 있었을까요?

강미정 시민운동을 한다는 것 자체가 이전의 나로 돌아갈 수 없는 거죠. 권리라는 것도 시민활동을 하면서 처음 알았어요. 대학 나오고 사회생활까지 했는데 정작 저에게 권리가 있다는 건 느껴보지 못하고 살았는데 잘 살고 있는 줄 알았어요. 권리는 배워본 적도 없고 그게 부정당했을 때 어떻게 해야 되는지도 모르고 살다가 이제 시민단체 활동하면서 깨어버린

거죠. 시선도 달라지고 삶이 완전 바뀌어 버렸어요.

남편과 갈등도 있었고 아이들에게 미안한 마음이 들 때도 있었지만 뜻에 맞는 사람들과 함께하는 걸 느끼고, 또 운 좋게도 보람도 느끼고 그 보람이 삶의 에너지가 돼서 힘들어도 또 시작하고 이렇게 활동을 했네요.

—— 활동가님 개인과 정치하는엄마들의 앞으로의 목표는 어떻게 생각하고 계신가요?

강미정 개인적으로는 여기에서 더 살 수 있는 방법을 찾고 있고 그림을 다시 그려보려고 해요. 지금은 쉬고 있지만 정치하는엄마들 활동도 다시 할 거고요.

정치하는엄마들은 정치하겠다고 모였는데 여기에서 제도권 정치인이 나와야죠. 시민 정치의 지형을 바꾸는 과정에서 정치하는엄마들이 한몫을 했으면 좋겠어요. 우리의 목소리를 제도 안에서 실현시킬 수 있는 사람이 나와야 하는데, 현실적으로 아이 돌보면서 하기에는 어렵네요. 정치를 하려면 서포트가 필요해요. *tac!*

나이 어린 사람(특히 어린이·청소년)에게 반말, 하대를 하지 마십시오. 공식적인 자리에서 나이 어린 사람을 부를 때, 존칭(○○님, ○○씨 등)을 사용하십시오.

친한 사이가 아닌 어린이·청소년에게 '○○ 친구'라고 부르지 말고 정중하게 대하십시오. 어린이·청소년의 몸이나 물건 등에 함부로 손대지 마시고 존중하십시오. 어린이·청소년과 함께 있는 자리에서 마치 그 자리에 없는 사람처럼 무시하거나 어린이·청소년에 대한 대화, 평가 등을 나누지 마십시오.

어린 사람에 대한 예의를 지킵시다

어린사람은 아랫사람이 아니다

* 청소년인권운동연대지음에서 진행 중인 <일상 언어 속 나이 차별 문제 개선 캠페인> 포스터입니다.

청소년인권운동연대
지음

"청소년인권 바로 지금, 지음!"
우리는 좋은 어른이 많은 세상이 아니라 나쁜 어른을 만나더라도 두렵지 않은 세상을 만들고자 합니다. 청소년의 자유와 존엄을 위한 청소년인권운동을 지속하고자 하는 활동가들의 단체입니다.

www.yhrjieum.kr

〈보건교사
안은영〉으로

꼭빵
단단
이원호
포도

새로운
돌봄 세계
상상하기

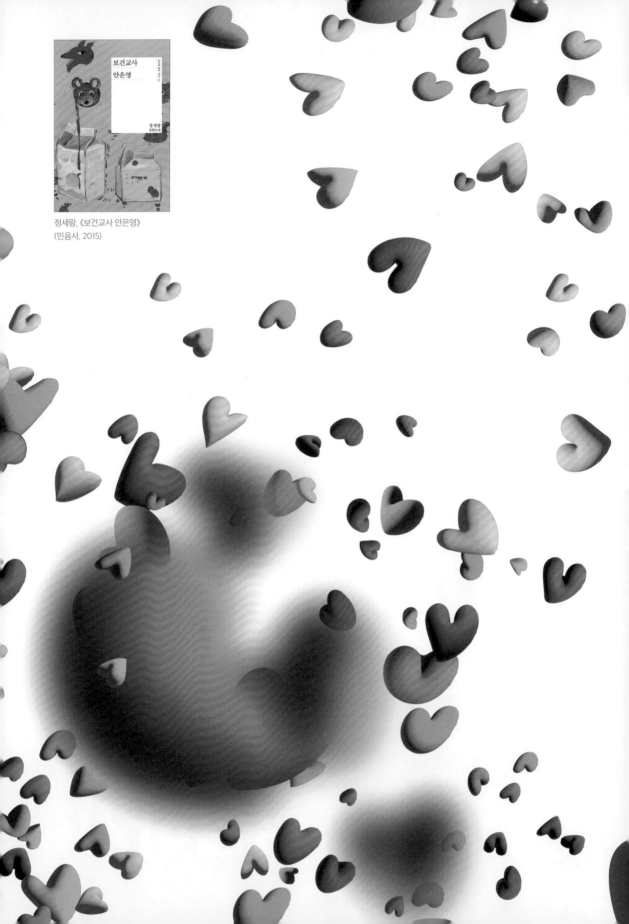

정세랑, 《보건교사 안은영》
(민음사, 2015)

"구조는 지는 마음으로." 고양이 활동가 꼭빵이 매거진 탁! 창간호 인터뷰에서 말했다. 2호에서는 활동가 채은영이 고양이 활동의 연대 속에서 마음이 소진되던 장면의 겹겹을 들어내 보였다. 고양이 활동가들은 사회적 제도와 지원의 미비 때문에 혹은 고양이 활동 자체가 요구하는 노동 때문에 각자 그리고 함께 소진, 우울, 좌절 등을 겪는다. 우리는 어떻게 지는 마음을 지닌 채로 활동을 이어 나갈 수 있을까?

재건축, 재개발 지역에서 고양이 활동의 A부터 Z까지 경험한 활동가 꼭빵, 단단, 이원호, 포도와 함께 고양이 돌봄 실력 기르기에 대해 얘기해 보았다. 워크숍에서 기르고자 하는 돌봄 실력이란 개인 활동가를 포함한 사회 차원의 역량이다.[1] 고양이를 돌보는 일은 활동가 개인의 일처럼 보이지만 경제적 후원, 사회의 관심, 주변 사람의 정서적 지지, 시민단체의 지원, 문화 예술, 국가 정책, 법 등 사회의 여러 차원과 개인이 상호 의존하며 일어난다. 이러한 시각으로 고양이 돌봄을 바라볼 때, 고양이 활동가는 고양이를 책임지고 보살피는 완벽한 존재가 아니라 소진되기도 하고 고양이 혹은 다른 사람의 돌봄을 필요로 하는 존재라는 것을, 고양이도 돌봄 받기만 하는 게 아니라 돌보는 자를 돌보고 고양이의 방식으로 세상에 기여하는 주체적 존재라는 것을 볼 수 있다.

새로운 고양이 돌봄 세계를 상상하기 위해, 돌봄에 지친 한 여자의 이야기 〈보건교사 안은영〉[2]을 함께 보았다. 보건교사 안은영은 피로한 표정으로 "씨발"을 읊조리며 장난감 칼을 휘둘러 위험한 젤리를 물리치는 초능력자이다. 학교 설립자의 손주이자 한문 교사인 홍인표는 젤리를 처리하는 안은영을 수상히 여겨 지하실에 따라갔다가 악한 기운을 막고 있던 압지석을 뒤집고, 젤리와 옴 벌레가 몰려와 학생들을 위협하기 시작한다. 불행 중 다행으로 홍인표의 손을 잡으면 안은영의 초능력이 충전되고 옴을 먹어 치우는 초능력자 백혜민이 입학하지만, 점점 학교를 뒤덮는 젤리와 옴 앞에서 안은영은 지쳐간다. 이 와중에 외로운 학창 시절 안은영에게 장난감 칼을 쥐여줬던 친구 김강선이 죽고 고민을 들어주던 초능력자 선배 화수는 어딘가 수상한데, 안은영은 돌봄을 이어갈 수 있을까?

현실에서 안은영과 같은 초능력이나 손을 잡으면 에너지가 충전되는 일은 없지만, 현실에서도 고양이를 돌보는 자는 돌봄을 계속하기 위해 돌봄을 필요로 한다. 그동안 돌봄이 숭고한 희생으로 치부되고 돌보는 자의 소진은 방치되어왔지만, 동물뿐만 아니라 어린이, 장애인, 노인, 퀴어 돌봄 노동자들 사이에서 돌보면서 자기 또한 돌보기, 그렇게 돌봄을 이어 나가기는 이제 막 이야기되기 시작하고 있다.[3] 매거진 탁! 또한 4명의 고양이 활동가와 함께 돌봄 소진, 자기 돌봄 방법, 새로운 돌봄 관계 맺기에 대해 얘기를 나누며 고양이 돌봄 실력 기르기 방법을 고민해 보았다.

❶
더 케어 콜렉티브, 《돌봄선언》, 정소영 옮김(서울: 니케북스, 2021), 23; 페니 윈서, 《우리는 모두 돌보는 사람입니다》, 이현 옮김(서울: 위즈덤 하우스, 2021), 21-24; 전희경, 〈시민으로서 돌보고 돌봄 받기〉, 《새벽 세 시의 몸들에게》(서울: 봄날의 책, 2020).

❷
이하의 줄거리는 정세랑의 소설 《보건교사 안은영》을 원작으로 하는 넷플릭스 오리지널 드라마 〈보건교사 안은영〉에 기반하여 설명하였다. 〈보건교사 안은영〉, 연출 이경미, 각본 정세랑·이경미, 2020, Netflix. www.netflix.com/kr/title/80209129

❸
전희경, 〈'보호자'라는 자리〉, 《새벽 세 시의 몸들에게》(서울:봄날의 책, 2020); 지오, 〈이 길고 긴 터널의 끝에는 광활한 우주〉, 《문우》 65호, 2021년 12월; 비장애형제 나는, 《'나는' 괜찮지 않아도 괜찮아》(서울:한울림스페셜, 2021); 이연숙, 〈퀴어-페미니스트의 '돌봄' 실천 가이드」를 위한 예비적 연구〉, 《문학동네》, 2022년 여름호.

무무   돌봄 실력 기르기 워크숍에 참여해 주셔서 감사합니다. 돌아가면서 자기소개해 볼까요. 저는 매거진 탁!에서 기사를 쓰고 있는 무무입니다.

원호   2015년에 개포동 재건축 아파트 고양이 구조 활동을 한 이원호라고 하고요. 지금은 고양이들 다 구조해서 쉼터를 만들어서 돌봐주고 있습니다.

꼭빵   이문냥이 활동가 꼭빵입니다.

단단   단단입니다. 방배동 재건축 13구역에서 활동하고 있습니다.

포도   포도고요. 둔촌동 재건축 아파트에서 고양이 이주 활동을 했습니다.

다니   다니입니다. 저도 매거진 탁!에서 기사를 쓰고 동네고양이를 주제로 웹툰을 그리고 있어요.

나의 돌봄 경험으로 본 〈보건교사 안은영〉

무무 모두 〈보건교사 안은영〉(이하 〈안은영〉)을 보고 어떠셨나요?

포도 안은영이 지하실에서 젤리를 봉으로 무찌르는 장면이 있어요. 홍인표 선생님 눈에는 젤리가 안 보이잖아요. 뒤에서 그 모습을 봤을 때는 이 사람이 이상한 짓을 하는 것처럼 보이니까 "지금 뭐 하고 계세요?"라고 물어요. 그 모습이 제가 둔촌냥이 활동을 할 때 이걸 이해를 못 하는 사람들이 "너 도대체 뭐 하고 있어?"라고 말한 것과 계속 겹쳐 보이는 거예요.

그리고 안은영이 "나도 내가 너무 이상해"라고 말한 대사도 너무 공감이 갔어요. 어느 순간에는 내가 이걸 왜 하고 있을까 이런 생각도 되게 많이 들었거든요.

단단 우리가 하는 활동을 이해 못 하는 사람들은 쉽게 우리를 폄하하거나 혐오까지 하잖아요. 정말 그런 사람 많이 만났어요. 어떤 아저씨가 저한테 그러는 거예요. 왜 밥을 주냐고, 고양이 밥 주는 거 하나도 자연스럽지 않다고 그냥 자연스럽게 살게 내버려 두라는 거예요. 그 말을 듣고 바로 답을 못했는데 '자연스러운 게 도대체 뭐지?' 이런 생각이 드는 거예요. 성격이 그런 거에 딱 꽂히면 그냥 넘어갈 수가 없어요. 그래서 그때부터 이 아저씨가 말하는 '자연스러움'이 도대체 뭔가 대답하기 위해 한 몇 년 동안 생태학, 생물학 책을 다 찾아서 읽었던 것 같아요.

포도 논문을 하나 쓰셔야겠어요. (웃음)

단단 그래서 나도 그런 내가 너무 이상한 거예요.

꼭빵 되게 필요한 대답이에요.

단단 화수언니가 안은영한테 "세상에서 네가 제일 이상해" 이 말 하는데, 나 이상하긴 하지 그리고 그 이상함 때문에 친구가 너 한번 글[4]로 써보라고 했던 거고. 그래서 〈안은영〉을 보면서 고양이 얘기는 아니지만 쉽게 있을 수 있는 일이라고 생각했어요. 사람들은 보통 정해진 범위 밖의 사람에 대해서 이해하지 못 할 것 같으면 노력하는 게 아니라 배척해버리니까요.

꼭빵 저는 (매거진 탁!의) 요청대로 캣맘의 관점에서 이 드라마를 봤어요. 캣맘을 안은영이라고 본다면, 안은영이 지켜주는 학생들은 우리가 지키는 고양이들, 홍인표는 조력자, 김강선은 마음을 이해해 주는 사람인 것 같아요. 그리고 일광소독의 화수와 안전한행복의 황가영을 보면 고양이 활동을 하면서 들었던 말들이 떠올라요. 여러 선생님들께서 선의로, 저를 도와주기 위해 조언을 해주시는데 각각 방향이 다르니까 그 사이에서 갈피를 못 잡고 부담을 받았던 게 생각났어요.

그리고 안은영한테 홍인표가 이렇게 얘기하잖아요. "선생님이 그만두시면 학교는 어떡해요" 친구들을 위해 옴을 먹는 백혜민도 "제가 그만둬버리면

❹
단단이 2년동안 고양이 가족 3대를 지켜본 경험을 책으로 담은 《사람의 일, 고양이의 일》이 6월 출간되었다. 책에는 잡지 지면의 한계상 아쉽게도 기사에 싣지 못한 단단의 '자연스러움'에 대한 대답도 들어있다. 단단, 《사람의 일, 고양이의 일》(서울: 도서출판 마티, 2022).

단단   공공미술 작업을 하는
예술가입니다.

길고양이와 우연히 만나
고양이 가족 3대 관찰기
《사람의 일, 고양이의 일》을
출간했습니다.

instagram   @eugeneandcamellia

꼭빵   캣맘,
이문냥이 활동가,
꼭빵양쿠크의
반려인.

twitter   @taepyeongiii

친구들은 어떡해요"라고 얘기하고요. 이 말들은 사실은 제가 되게 많이 들었던 말이고 제가 저한테 했던 말이기도 해요. "네가 그만두면 고양이는 어떡하니"의 형태로요.

또 안은영한테만 이 세계의 젤리가 보이잖아요. 남들한테는 이 세계가 전혀 안 이상해요. 되게 잘 굴러가는 세계야. 캣맘도 그런 것 같아요. 캣맘이 한번 길고양이에 눈을 뜨게 되면 거기서 멈추지 않잖아요. 새도 보이고, 나무도 보이고, 육식의 문제점도 보이고… 세계를 보는 틀이 완전히 달라지는데, 나머지 사람들은 아무 문제가 없다고 여기고 살고 있는 거예요. 우리 눈에는 세계가 뒤틀어져 보이는데, 남들 눈엔 세계를 뒤틀어 보거나 캣맘 활동을 하는 우리가 이상한 사람인 거죠. 안은영이 세계를 보는 방식과 우리가 보는 방식이 되게 맞아떨어지게 해석되었어요.

포도 해석이 다들 이렇게 풍성하니까 좋네요.

무무 김강선이 "유쾌하게 가란 말이야" 이 말을 한 것도 되게 좋았어요. 물론 유쾌해지기에는 너무 힘든 일이긴 하지만 그 안에서도 자기를 지켜낼 수 있는 어떤 태도, 방식을 찾아야만 하니까요.

포도 사실 '캣맘' 하면 고정되어 있는 캐릭터가 있잖아요. 안은영도 귀신 쫓는 퇴마사의 이미지로 갈 수도 있었는데 김강선이 "유쾌하게 가란 말이야"라는 그 한마디로 안은영의 캐릭터를 잡아줬다는 게 신의 한 수인 것 같아요. (유쾌하지 않다고 해서) 그 사람이 자신의 역할을 못한다든지 아니면 잘못된 방향으로 가는 것은 아니지만, 활동을 하면서도 새로운 캐릭터로서 갈 수도 있지 않나라는 생각이 들었어요. 우리는 어떤 캐릭터로 가야 될지에 대해서도 좀 얘기해 보면 재밌을 것 같아요.

돌보는 사람은 자기를 돌볼 수 있을까

단단 사실 저는 요 근래 체력도 떨어지고 약간 우울한 상태로 있었는데 〈안은영〉 보라고 하신 거 너무 고마웠어요. 그 대사("유쾌하게 가란 말이야")를 듣는 순간 상황이 별로 그렇게 유쾌하고 행복하지 않다 보니까 (상황도 상황이지만) 내가 나를 더 이렇게 만들고 있는 거 아닌가란 생각이 들었어요. 그러면 어떤 자세로 재정비해서 고양이들을 만나야 될까 고민을 해봐야겠다는 생각이 들더라고요, 어차피 이렇게 된 거.

일동 (웃음)

원호 이미 되돌아갈 수 없는 길을….

단단 그럴 것 같은 거예요. 전 활동이 이렇게 길어질 거라고는 꿈에도 생각을 못 했어요. 그랬는데 요즘에 좀 마음을 비워야 되지 않을까….

이원호

대학생 시절
다치고 아픈 동네고양이를
발견하고 밥과 약을 챙겨주기
시작하면서 고양이에게 정을
주게 되었습니다.

instagram   @goyanggoyang2
naver blog   길냥쉼
youtube   길냥쉼

포도　이번 생은 망한 거지. 우리는 새로운 눈을 장착한 사람들이니까.

단단　맞는 것 같아요, 진짜.

꼭빵　돌아갈 수 없어. 이렇게 세계가 달라 보이는 시각이 다시 돌아갈 수는 없고, 근데 나만 변했고, 그럴 바에는 전도를 하는 거죠.

포도　판을 키워야 한다는 말이죠?

꼭빵　단단 님께 시비를 건 아저씨가 있는 것처럼, 저도 아저씨들이 진짜 말을 많이 걸어요. 우리 집에 고양이가 있는데 데리고 가라고 하거나, 자기 집 마당 뒤에 고양이가 있는데 그거 좀 어떻게 하라고요. 저는 "아저씨, 아저씨가 하세요" 이렇게 얘기를 해요. 그러면 "나는 '그런 일' 하는 사람 아니야"라는 대답이 돌아와요. 그런데 '그런 일'에 제가 꽂힌 거예요, 단단 님이 '자연스러움'에 꽂힌 것처럼.

　'그런 일'의 경계가 사람마다 다르게 있는 거예요. 나는 구조랑 임보까지 할 수 있다, 혹은 임보까지만 할 수 있다, 혹은 홍보만 할 수 있다, 후원만 할 수 있다, 이런 식으로요. 후원을 해 주시거나 도와주시는 분을 탓하는 게 아니에요. 모두 각자의 자리에서 최선을 다하는 거고, 그런 의미에서 저는 다 고양이 활동가라고 보거든요. 그런데 캣맘이나 활동가라는 이름이 너무 빡세다 보니까 다들 선을 긋는 것 같아요. 그 허들을 우리가 많이 낮춰줄 필요가 있어요. 이 활동이 특별한 소명을 가진 누군가만 하는 '그런 일'이 되지 않도록 확장시키고 전파하는 게 돌봄의 방법 중 하나인 거죠. 가령 한 번 밥을 주는 건 이제 시작이잖아요. 거기서 걔한테 이름까지 지어주면 끝난 거예요.

일동　(웃음)

꼭빵　이문냥이 입양자들은 자기 고양이가 길에서 왔다는 걸 알기 때문에 이제는 길고양이를 그냥 지나치지 못해요. 그렇다고 길고양이를 다 보살필 수도 없고, 제가 얼마나 힘들게 활동하는지 아니까 고양이한테 밥을 주고 싶어도 용기가 안 나는 거예요. 그럼 저는 이렇게 말해요. 밥 안 줘도 된다고, 그냥 가방 안에 닭 가슴살이나 캔 하나, 아니면 사료 요만큼만 들고 다니라고. 어느 동네에서건 걷다가 눈에 띄는 아이에게 주면 그걸로 충분하다고요. 그리고 예전에 포도님이 하셨던 '똑똑똑 포스트잇' 캠페인, 겨울철 시동 걸기 전에 고양이가 나가도록 보닛을 쳐달라고 포스트잇을 붙이는 캠페인처럼 사람들한테 활동의 허들을 좀 낮춰줄 필요가 있어요.

　또 하나는 활동가 교육이 필요하다고 생각해요. 활동가들이 적정선에서 활동을 하고 놓을 줄 아는 교육이요.

포도　그게 가능할까요. (웃음)

꼭빵　저 같은 경우도 활동에 매몰돼 있으면 다른 사람 얘기가 안 들려요. 일단 쉼터

가서 애들을 보거나 구조 현장에 가면 각성돼서 몰입하니까 주변 가족이나 친구의 걱정이 잘 안 들려요. 그리고 '네가 이만큼 희생하는 걸 안다'라며 도와주시는 분들이 계시잖아요. 그래서 내가 그만큼 희생을 안 하거나 헌신하지 않으면 그 마음들에 보답을 못하는 것 같아요. 빚지는 것 같은 마음도 굉장히 쌓이고요. 이문냥이는 후원에 의존하니까 더더욱 그랬어요. 모아주신 마음들이 너무 감사하고 무거워서 내가 나를 더 깎아야 된다고만 생각했던 것 같아요. 내가 이렇게 편안하게 밥을 먹어도 되나 싶고, 약간 인간답게 생활해서는 안 될 것 같고 잠을 줄여가면서 하고 그랬어요.

제가 언제 정신을 차렸냐면요. 강선이가 안은영에게 유쾌하게 가라고 말해 주듯, 저에게 되게 유쾌한 입양자 친구가 있어요. 제가 이태원에서 실종묘를 구조할 때 그 친구가 하루 밤을 같이 새 주었는데, 저한테 진짜 짜증 섞인 목소리로 "너 그러다 죽어!" 이러는 거예요. 짜증 반 진담 반이었어요. 그게 정말 진심이라는 게 느껴졌어요. "선생님 그만두면 애들은 어떡해요"라는 얘기만 듣다가 "너 그러다 죽어"라고 들으니까 되게 충격인 거예요. 그리고 얼마 전에 정말 죽을 것 같이 아팠기 때문에 그게 무슨 의미인지 너무 확 와닿았어요. 우리가 모든 고양이를 구할 수 없다는 전제는 항상 있는 거잖아요. 그렇기 때문에 전 (1호 인터뷰 때) 지는 마음으로 들어간다고 얘기를 한 거고요.

고양이를 구조해도 지는 거고 구조를 못해도 지는 거예요. 우리도 다 구할 수는 없다든가 이 활동이 아름다울 수만은 없다는 걸 인정하고, 우리끼리도 너무 소진되지 않도록 계속 경고를 해주고 자기돌봄 지침 같은 걸 만들어서 교육하면 좋겠다는 생각을 해봤어요. 자기 삶과 고양이 돌봄의 밸런스를 맞추거나, 돌봄에 매몰된 삶의 재활 방법을 배우고, 이에 대해 함께 이야기하는 시간이 필요하다고 생각해요.

포도 일주일에 3일 이상 재건축 지역 안으로 들어가지 않기 이런 거요.

꼭빵 예를 들어 이 사람이 일상에서 고양이 활동이 얼마의 지분을 차지하는지, 그리고 이 사람이 진짜 그 활동이 가능한지, 경제적으로는 자립이 가능한지 (봐주고).

포도 그런 걸 계속 옆에서 봐줄 수 있는 사람이 있었으면 참 좋았을 텐데….

꼭빵 그래서 우리끼리라도 먼저 얘기를 해야 될 것 같아요. 우리 안에서 이런 얘기를 해야…. 우리는 망했지만 (웃음) 앞으로의 활동가라던가 사람들의 인식이 좀 바뀔 것 같아요.

무무 원호님도 활동을 하면서 본인을 100% 쓰게 되는 일이 많으실 것 같은데 지치지 않고 활동하는 방법 같은 게 있을까요?

원호 지치지 않는 방법은 아직 못 찾았고요. 지금 계속 체력을 갉아먹는 상태지만 그래도 힘이 나는 경우는 있어요. 후원금이 올 때마다 알림이 오잖아요. 어떤 분이 갑자기 막 거금을 보내줄 때가 있어요. 진짜 진짜 열심히 해야겠다, 이런 분들도 있는데 내가 열심히 고양이들 진짜 잘 돌봐야지 하고 의욕이 잠깐 들고요. 힘든 일 있을 때 고양이를 보러 가서 고양이들이 다가와서 쓰다듬어 주고 골골대거나 그럴 때 순간 힐링이 되지만 그 외에는 전혀 없어요. 지금 어디 여행 가서 회복을 하고 충전하는 일도 있을 수가 없고 직장 스트레스가 되게 심한데 직장, 쉼터 계속 이 루틴이거든요. 몇 년째 그러다 보니까 제가 어떻게 할 수 있는 게 없더라고요.

무무 아까 꼭빵 님께서 얘기해 주신 것처럼 후원금이 되게 감사한 일이고 굉장히 현실적인 도움을 주는 일이기도 하지만 한편으로는 많은 분들의 마음이 모인 것이기 때문에 '나는 쉬면 안 돼'라는 생각을 하게 되기도 할 것 같은데 그런 부분도 있으신가요?

원호 그렇죠. 후원이 들어오는데 올 때마다 저는 그 생각이 들어요. '내가 열심히 해야지. 애들 잘 돌봐줘야지.' 저를 믿고 보내주시는 거잖아요. 근데 이제 슬슬 몸이 안 따라주고 한계가 느껴져요. 너무 지쳐서 청소도 이제 매일 깨끗하게 못 해주고 그런 부분이 계속 마음에 걸리죠.
이제는 고양이를 쉼터에 새로 들이지 않고 남아 있는 고양이만 책임지고 있어요. 그 밖에 내가 할 수 있는 게 뭔지 생각해 보니까 재건축 안 되게 투표 잘하고 사회적인 이슈가 있을 때 청원하면 참여하기더라고요. 귀찮더라도 꼭 참여하고 있어요. 그리고 길에 아픈 고양이가 있으면 약이라도 챙겨주고요.

단단 확실히 자기 몸 챙기는 건 정말 중요한 것 같긴 해요. 저는 이번에 족저 근막염이 생겼어요. 걸을 때마다 너무 아픈 거예요. 애들 보는데 보통 짧게 돌아도 2시간은 걸리거든요. 근데 너무 힘들면 그냥 정말 밥자리만 정리하고 오게 되는 거예요. 고양이를 더 불러볼 생각도 못 하고요. 근데 그러고 오면 또 너무 찝찝한 거예요. 못 보고 오면 마음에 가책이 생기고 보고 오자니 몸이 힘들고 그럴 때 너무 우울해져요. 진짜 안 아파야 되는데 이게 쉽지가 않아요.

활동가끼리
서로
돌보기

포도 먹는 거는 잘 드세요?

단단 요즘 입맛이 너무 없는 거예요. 먹으면 맛이 느껴지는 게 아니라 그냥 배가
고프니까 (먹어요). 배가 고프면 힘을 쓸 수 없으니까. 한 번 가면 등산을 하듯이
사료며 물이며 양손에 잔뜩 들고 가야 되는데 안 먹으면 들고 올라갈 힘이
없어요. 그리고 이제 땡볕에 쭈구리고 앉아서 밥자리를 정리하다가 딱 일어나면
현기증이 확 오는 거예요. 이러다 아무도 없는 그 동네에 혼자서 쓰러지면
어떡하지 이런 생각이 들 때가 있어요.

포도 수원에서 재개발 지역 활동하고 쉼터로 고양이들을 데리고 와서 쉼터 운영을
하시는 분이 계세요. 이분 일상을 들어보면 일 때문에 늦게 출퇴근을 하시고
낮에는 쉼터 활동을 하니까 정작 본인 식사를 못 챙기시는 거예요. 근데 센스
있으신 후원자분이 계속 반찬을 보내시는 거예요. 이 반찬을 그냥 썩게 둘 수
없으니까 억지로라도 챙겨 드신다고 하더라고요. 그래서 이것도 아이디어라는
생각을 했어요.

꼭빵 반찬을 보내주시는 분도 활동가네요.

포도 그렇죠. 또 다른 돌봄.

꼭빵 네, 또 다른 돌봄의 활동가. 아까 포도 님이 얘기하셨듯이 안은영처럼 우리도
이미지를 경쾌하게 가져가서, 이 활동이 재미있거나 매력적이거나 의미 있어
보이도록 하는 게 중요한 것 같아요. 현재 자기 삶을 갉아먹는 활동가들을 도울
또 다른 활동가들이 조금씩이라도 참여할 수 있게요. 그러려면 우리 활동이
많이 가시화되어야 한다고 생각해요. 웹툰, 글, 아니면은 밈 같은 거라도요. 제가
인터넷 밈을 하나도 모르는데, 입양 홍보를 위해 세상에 섞이고자 배우거든요.
어느 커뮤니티에서든 '잠깐만, 우리도(활동판도) 겁나 웃기거든' 이렇게 엉덩이
끼고 앉을 수 있는 노력들이 필요하다고 생각해요.

지금은 제가 느끼기에, 우리는 밑빠진 독에 계속 물을 붓고 있는 것 같아요.
언제 물이 다 차지? 하면서 계속 붓고 있는데 이미 우리가 부은 물에 우리 자신이
질식하고 있는 거예요. 그러니까 그걸 깨는 시도들이 되게 훌륭하다고 생각해요.
사업이든 문화 활동이든 간에 고양이 활동이 자체적인 매력을 갖춰야 된다고
생각해요.

포도 깊게 토론해 봐야겠는데요.

다니 중요한 것 같아요.

꼭빵 저는 SNS 담당이었는데, 처음에는 많이 했는데 점점 그걸 할 여력이 없어져요.
쉼터에 있다가 중간에 돈 벌러 갔다가 저녁에 다시 쉼터 오거나, 쉼터 안 간
날에는 돈을 몰아서 벌거나. 일상이 그렇게 돌아가면 결국 SNS를 못해요. 내가
내 활동의 사진을 찍기는 힘들지 않나요. 솔직히 애들을 보고도 너무 힘들어서

사진을 못 찍겠는 거예요.

원호 마음은 소식을 많이 올리고 싶은데 정작 쉼터에서는 빨리 정리하고 집에 가고 싶고….

포도 그리고 SNS에 우울한 얘기만 계속할 수가 없잖아요.

꼭빵 이럴 때는 쉼터에 같이 가서 사진 예쁘게 찍어주는 것도 활동가라고 저는 생각하거든요. 그런 식으로 고양이 활동이 많이 분산돼야 한다고 생각해요. 이렇게 하기 위해서는 아까 했던 얘기로 돌아가지만 인식 개선이라든가 허들을 낮춘다든가 할 수 있으면 좋겠는데… 우리는 매일 고양이를 돌보느라 그렇게 판을 벌릴 수가 없는 게 한계이기도 하네요.

원호 각자 홍보해서 사람들의 관심을 끌고 참여할 수 있게끔 하는 것밖에는 없을 것 같은데 그게 쉽지가 않죠.

꼭빵 그러니까요. 이문냥이 활동을 2년 하다 보니 입양자들 간의 커뮤니티가 만들어지더라고요. 초기에 이문냥이 123마리를 입양 보내면 어떻게 다 모니터링하지 고민하다가, 입양자가 아이 SNS 계정을 만드는 걸 입양 필수조건으로 걸었어요. 그렇게 SNS 계정들이 만들어졌어요. 이문냥이들은 사회화가 덜 된 채 입양 간 고양이도 있으니까, 이분들의 고충이 비슷비슷해요. 입양자끼리 서로의 고충을 나누다 보니까 제가 입양자분의 질문에 바로 대답하지 못해도 입양자끼리 필요한 정보나 위로를 주고받고 하시더라고요. 입양자분들이 먼저 나서서 이문냥이나 길고양이 입양, 고양이 사회화 등에 대해 많이 이야기하세요. 주변에 알리기도 하시고요.

다니 좀 다른 이야기일 수도 있는데 대학원 가서 동물 보호 동아리 활동을 하게 됐어요. 그때 같이 다니는 친구들이 저 포함 4명이었거든요. 근데 모두 고양이를 몰랐어요. 맨날 사료랑 닭 가슴살 챙겨서 등교를 하든 같이 술을 먹으러 가든 할 때 고양이 보고 잠깐만 주고 갈게 이렇게 하면서 2년이 지나니까 다 고양이를 키우고 다 캣맘이 된 거예요.

　　아무도 그렇게 하라고 하지 않았는데 심지어 한 친구는 이제 벌써 네 마리 구조해서 (반려묘가) 네 마리가 되고 또 다른 친구도 두 마리에서 네 마리 이렇게 되고 그러니까 이게 뭔가 좋은 의미로 좀 옮는, 전염되는 부분이 있다는 생각이 들더라고요. 뭐 하려고 한 게 아니었잖아요. 어떻게 된 건지 설명하려면 못 하겠는데 어떻게 하다 보니까 그냥 친하니까 그런 식으로….

꼭빵 그분들의 허들이 낮아진 거죠.

다니 그렇죠, 가방 안에 닭 가슴살을 하나 넣게 변한 거니까. 그래서 그런 경험도 있어서 그렇게 계속 전해졌으면 좋겠는데 방법이라고 하면 또 모르겠네요.

꼭빵 저희 입양자분이 밥을 주다가 둘째는 자기가 직접 밥을 준 고양이를 입양을

하셨어요. 그러면 그분의 친구들은 또 이분의 얘기를 듣겠죠. 그런 전파가 되게 좋은 것 같아요.

　　그리고 오래 활동하신 캣맘 분이 해주신 말씀이 있는데요. 그분이 고양이 활동은 본인 세대가 저 같은 다음 세대한테 이만큼 해주고 넘기면, 저는 저대로 이만큼을 한 후 다음 세대 활동가에게 넘기는 거라고 하셨어요. 그게 되게 와닿았거든요. 이게 활동가 간에 서로 도움을 주는 그런 거구나 하고요. 이분은 활동가의 자립을 고민하신 끝에 활동가를 지원하는 사업을 하세요. 본인이 직접 고양이를 구조해서 돌보고 입양 보내는 개체 수는 1년에 몇 마리로 한정돼 있는데, 돈을 벌어서 활동가나 쉼터를 지원하면 그 해에 구조되고 입양 갈 수 있는 고양이가 더 많아진다고 생각해서 사업을 시작하셨대요. 예를 들면 토실토실레스토랑과 동생집 쇼핑몰이 선배 활동가들이 동료나 후배 활동가를 지원하는 사업이고요. 이런 모델을 다양하게 만들어 나가는 것도 활동가가 활동가를 도와주는 일이라고 생각해요.

포도　사실 이렇게 활동가끼리 만나서 얘기만 해도 어느 정도 해소가 되는 부분이 있는데 이 활동이 항상 너무 바쁘다 보니까….

단단　저는 오늘 이 자리 만드신 거에 너무 고마웠어요. 왜냐하면 지금 살짝 '나 약간 고립된 상태인가'라는 생각이 들고 있던 시점이었는데, 사실 제가 돌봄 노동을 하고 있다는 생각조차 못 하고 있었고요. 딱 제의를 받는 순간 겨울부터 우울한 상태에 있었다는 게 이제 자각이 되더라고요. 좀 외면했던 것 같아요. 그런 상태인데 그걸 말로 꺼내는 순간 좀 무너질 것 같은 느낌 같은 게 있어서. 원래 약간 우울한 감정에 깊이 빠지는 스타일은 아니거든요. 그래서 아마 진작에 왔을 수도 있는데 그냥 뭔가 괜찮을 거야, 괜찮을 거야 이러고 왔었던 것 같다는 생각은 좀 들더라고요.

꼭빵　정신과 가기 전의 저랑 똑같으신데요. 많은 분들이 제가 활동하는 거 보시고 '너 지금 병원 가야 돼'라고 하셨는데, 저는 '나는 스위치 잘 끄는 사람이야' 이렇게 생각을 했었거든요. 어느 날 제가 숨이 안 쉬어지고 이제 가야겠다고 생각했을 땐 너무 늦은 때였던 거예요. 그냥 내과 간다 생각하시고 가시면 좋겠어요. 고양이 얘기를 할 수도 있지만 의외로 내가 생각한 것과 다른 얘기를 하거든요. 그런 얘기도 하고 그래서… 이제 약간 숨을 쉴 수 있을 것 같은 느낌이에요.

포도　다행이네요.

꼭빵　한번 꼭 가보세요.

포도　저도 사실 얼마 전에 병원에 다녀왔어요. 진짜 둔촌냥이 활동할 때 정말 두근거림이 너무 심했어요. 사실 저희 내부적으로 문제가 많아서 활동가끼리 싸운 적이 있거든요. 원래 싸우는 성향이 아닌데 활동할 때는 완전히 다른 모습으로 엄청 싸웠어요. 공황이 왔던 것 같아요. 사람 앞에 잘 못 나서고 계속 우울감이 있었던 것 같고, 왜 그럴까요. 돌봄이 나를 계속 고립시키는 것 같더라고요. 활동이 좀 지난하다 보니까 내 시간을 못 내는 것도 있고 사람 못 만나는 것도 있고 진짜 옷도 하나 제대로 못 사 입고 그랬으니까요. (한숨) 그래도 필요했던 활동이었겠죠.

단단 몸보신용으로 한약 지을 때 한약재 중에도 신경 안정제가 있거든요. 원래 되게 잠을 못 자는 스타일이었는데 그거를 지어서 먹으면서 진짜 효과 잘 봤을 때는 약 한 번 먹고 새벽에 깊은 잠을 자 본 게 그때가 처음이었던 것 같아요. 그때부터 좀 체력이 올라오긴 하더라고요.

포도 잠을 잘 자고 잘 먹어야.

단단 맞아요. 사실 그거 말고 답이 없는데 어쩌다 한 끼 못 먹을 수 있지, 어쩌다 하루 잠 못 잘 수도 있지, 그게 누적이 되면 균형이 엄청 무너지는 거고.

고양이를 돌보고, 고양이에게 돌봄 받다

단단 사실 캣맘 분들 중에 고양이를 자식처럼 대하시는 분들을 마주하면 답답해서 어떻게 해야 될지 모르겠어요.

꼭빵 우리 애, 우리 애.

포도 저도 의식하면서 고양이로 다 바꿔불러요.

단단 '애기'라고 안 했으면 좋겠는데 캣맘이 고양이를 위한다고 하는 그 보호가 진짜 치명적인 것 같다고 느낄 때도 있었어요. 어떤 보호는 고양이를 너무 무능하게 만들어버리는 것 같아요. 어떻게 보면 먹이를 빌미로 되게 종속시켜버린 것 같다는 느낌도 받았고요. 캣맘이 동물을 대하는 기본적인 태도부터 바뀌지 않으면 사실 우리가 하는 것도 보호한다고 말할 수도 없는 게 아닌가라는 생각이 들었어요.

저는 고양이 3대가 사는 걸 쭉 지켜보는 기회가 있었는데 보면 걔네들 할 일이 되게 많아요. '진짜 바쁘구나 너네 사는 거. 쟤네가 나한테 관심 안 둘 만하다. 나는 내 일 해야지, 내가 왜 자꾸 쟤네 일에 관여를 해'라고 생각했어요. 물론 가끔 태어난 새끼가 아파서 구조를 했지만 끝내 죽을 때도 있었어요. 한계가 있구나, 처음부터 질병을 갖고 태어난 고양이들은 쉽지 않구나 싶더라고요. 또 제가 구조해서 살려내는 걸 고양이가 아예 이해하지 못할 때도 있어요. 그럴 때 과연 이 구조가 누구를 위한 구조인가라는 생각이 드는 거죠. 나는 못 견디겠어서 구조하지만 어미가 자기 새끼를 뺏겼다고 생각해서 엄청 트라우마가 왔었고 새끼도 그렇게 병원 한번 잠깐 갔다 왔는데 다음 날 죽어버린 거예요. 그러면 난 차라리 안 구하는 게 나을 뻔한 거잖아요. 이게 간단하지가 않더라고요. 내가 고양이를 무능하게 본 게 아닌 이상 내가 뭘 할 수 있다는 사실 하나만으로 얘네들 삶에 쉽게 개입해서 들어가는 것 자체가 어떻게 보면 종차별적인 태도라는 생각을 했어요. 고양이 삶의 틀을 인간 삶의 틀에 끌어와서 맞추는 게 아닌가라는 생각도 많이 했고요.

무조건 구조하고 무조건 치료하고 무조건 살려내야 하는 게 아니라 고양이들만의 서사가 있다는 걸 처음 알았을 때 되게 충격받았어요. 그리고 그 서사가 고양이한테는 '사는 일'인 거예요. 그럼 나도 그냥 인간으로서 '내가 사는 일'을 하면 되잖아요. 예를 들면 고양이가 공원 부지에 살고 있는데 사람들이 공원 부지에 몰래 들어가서 불법으로 텃밭 농사를 하는 거예요. 그 사람들은 고양이를 쫓아내려고 하고요. 사람이 잘못하고 있는 거지 고양이가 거기 있는 게 잘못한 게 아니잖아요. 그래서 나는 내 일을 하면 되겠구나 싶어서 구청에다 민원을 한 1년 동안 넣었고, 1년 만에 다 갈아엎었어요. 그래서 저는 제가 하는 일을 돌봄노동이지만 사실 고양이가 살 수 있는 조건을 만드는 일이라고 생각했어요.

__무무__ 고양이가 살 수 있는 조건을 만드는 일, 워크숍에서 이야기하고 싶었던 고양이 돌봄이 바로 이거 같아요.

__원호__ 길고양이는 길고양이만의 삶이 있다는 말을 제가 다니는 동물병원 원장님이 매번 하셨어요. 저도 구조하고 나서 쉼터 만들고 난 후에도 이렇게 고양이를 돌봐주는 게 맞는 건가 하는 생각을 지금도 많이 하고 있어요. 고양이한테는 쉼터 생활이 행복할까라는 생각이 계속 들기도 하고요. 사회화가 돼서 이제 잘 지내는 애들은 그래도 행복해 보이는데 안 되는 고양이들은 지금 한 5, 6년이 지나도 제가 한 발자국만 가도 도망가는 고양이도 있고 그런 거 보면서 차라리 그냥 구조를 안 하고 거기다가 그냥 살게 놔뒀으면 어땠을까 하는 후회가 될 때도 있어요.

사실 제가 밥을 못 준다고 고양이가 바로 굶어 죽지는 않을 텐데 그때 당시에는 진짜 고양이들을 모두 구해야겠다는 생각 밖에는 없었거든요. 내가 구하지 않으면 고양이들이 죽는다고 생각했어요. 철거 끝나고 개발 시작될 때 다 구조한 게 과연 옳은 행동일까 생각을 많이 했었죠.

그리고 쉼터에 캐시라는 고양이가 있는데 새끼를 세 마리 낳은 상태에서 엄청 많이 다쳐서 구조가 됐어요. 새끼들이니까 빨리 입양을 보내야겠다고 생각을 당연히 했죠. 한 마리는 치료받다가 (세상을) 떠났고 두 마리가 살아서 입양을 가서 지금은 사람 친화적으로 되게 잘 지내요. 그런데 캐시가 아이를 입양 보내고 난 뒤부터 사람을 엄청 경계하는 거예요. 지금 저랑 5년이나 지냈는데도 경계를 해요. 그래서 제가 아이를 어떻게 했다고 생각하는구나 그런 생각을 하기도 했었어요.

단단 새끼 때 아파서 어미가 내몬 새끼들이 아닌 이상은 안 구조하는 게 더 낫다고
생각하게 된 계기가 있어요. 점순이라는 고양이가 첫 발정 때 임신을 못하고
그다음 해에 어렵게 새끼를 낳았어요. 네 마리를 낳았는데 그때 제가 이사를
앞두고 있어서 너무 불안한 거예요. 이사 가고 나면 점순이랑 새끼들은 누가
챙길까라는 걱정 때문에 새끼들을 다 포획해서 임보를 보냈어요. 그런데 어미가
맨날 우리 집 창문 앞에 앉아 갖고 새끼 내놓으라고 우는 거예요. 진짜 새끼
내놓으라는 말의 여러 버전으로, 새끼 내놔, 새끼 내놓으라고, 새끼 내놓으란
말이야, 새끼 돌려줘 이런 느낌으로 계속 우는데 그게 한 5일 동안 지속이 됐어요.
　　　그리고 얘를 중성화 수술을 시켰어요. 그렇게 하고 한 열흘 정도 시간이
지나서 이쯤 되면 포기할 줄 알았거든요. 점순이도 포기를 안 하고 새끼들도

포기를 안 하는 거예요. 임보 집에서 연락이 왔어요. 애들이 울고불고 난리라고 못 키우겠다고 좀 데려가시라고. 그중에 새끼 한 마리는 울다 울다 지쳐 가지고 탈수 증상이 와서 이미 병원까지 갔다 온 상태였고요. 그래서 결국 야밤에 임보 집에 가서 네 마리를 데려와서 그냥 다시 방사를 했어요. (임보 집에 간 지) 열흘이나 지났고 사람 손도 타는데도 불구하고. 밤 9시가 넘어서 풀어줬더니 세상에 다음 날 아침에 다 같이 밥 먹으러 온 거예요. 그 모습을 보는 순간 '내가 미친년이지. 내가 불안하고 불쌍하다고 생각한 거지 고양이들이 어떻게 살지 왜 내가 결정해'라고 생각했어요. 그때부터 내가 고양이를 보호하고 싶고 고양이가 잘 살기를 바라면 내가 편한 방식이 아니라 내가 조금 힘들어도 얘네가 살만한 곳으로 만드는 방식으로 가야겠다고 생각했어요. 어쩔 수 없는 상황에서 구조할 수는 있겠지만 그냥 세상을 바꿔서 고양이들이 길에서 살 수 있게끔 하는 게 더 맞는 거고 그 일을 하는 건 사람이라고 생각을 바꾼 거죠. 그렇게 5년이 된 거예요. 김포로 이사 가고서도 5년을 방배동에 고양이 돌보러 가게 하더라고요.

포도 두 분의 말씀을 듣고 나니 정말 재건축이 잘못됐구나 싶어요. 왜냐하면 재건축 재개발은 자연스러운 일이 아니거든요.

단단 맞아요, 그것도 30년마다.

포도 건물을 없애고 땅을 갈아엎고 다시 새로 지으면서 기존에 살던 터전을 없애는 것이 이상한 일인 거죠. 여기서 우리 같은 활동가들은 계속 갈등할 수밖에 없는 거고요.

원호 '쉼터를 생각하고 있습니다'라고 가끔씩 네이버 쪽이나 메일이 오는데 저는 쉼터는 돈이 아주 많지 않은 이상 하지 말라고 하거든요. 너무 심하게 다쳤거나 그런 게 아닌 이상 고양이들이 길에서 잘 사니까 억지로 하지 마시라고 해요. 그리고 이렇게 붙여요. 쉼터 1년 하면 돈이 이만큼 듭니다. 감당하실 수 있으면 하시고 그게 안 되시면 안 하는 게 아이들한테 좋습니다. 현실을 그냥 말해요. 고양이들을 그냥 길에 살게 둬라. 만약에 학대를 받거나 그런 부당한 일을 당하면 그때 저희가 나서서 조치를 취해야 되지 내가 모든 거를 감당해서 애들을 행복하게 해줘야겠다? 그거는 그냥 내가 그냥 마음 편하자고 하는 일일 수 있다. 이걸 하다 보면서 저는 그렇게 좀 바뀌었어요.

단단 사실 제가 이 활동을 놓고 싶지 않은 아주 큰 이유 중에 하나는 흰눈이란 고양이와의 경험이에요. 흰눈이는 워낙 소심한 성격이라 동네고양이들에게 맨날 쫓겨 다녔거든요. 근데 어느 날 흰눈이를 지켜주던 엄마랑 자매가 떠나버린 거예요. 얘가 너무 걱정이 돼서 포획을 했어요. 근데 그때 저도 포획이 처음이고 잘 몰랐을 때라 케이지에 좀 가둬놓고 있어야 했는데 방에다 바로 방사를 한 거예요. 흰눈이가 난리가 났죠. 천장 뚫리는 줄 알았어요. 걔를 좀 진정시키고 나서 보는데 나한테 왜 이러냐는 얼굴로 저를 쳐다보는 거예요. 그 표정이 너무 충격이었어요. 왜냐하면 사실 저는 좀 개인사가 있어요. 제가 어렸을 때 친족 성폭력 피해를 겪었어요. 제가 원하지 않는데 누군가가 강압적으로 나한테 그런 일을 벌이면 안 되는 건데, 그게 흰눈이 표정과 중첩이 되는 순간 그때 트라우마가 올라오면서 '내가 당했던 가해와 똑같은 짓을 내가 얘한테 지금 하고 있구나, 그것도 선이라는 이름으로'라는 생각에 충격을 많이 받았어요. 그래서 새벽에 흰눈이를 풀어줬어요. 안 돌아올 줄 알았는데 2시간 만에 밥자리에 와서 밥을 먹는 거예요. 그 이후부터 흰눈이가 가끔씩 저희 현관까지 오기도 했어요. 그때 흰눈이를 보면서 고스란히 힘을 내서 내 문제를 적극적으로 해결하고 나서기 시작했어요. 사실은 내가 고양이를 돌보는 게 아니라 내가 돌본다고 하는 그 모든 만행에도 불구하고 고양이가 날 돌보고 있었다는 느낌이 있었던 거예요. 그래서 놓고 싶지 않은 거예요.

원호 서로 돌보는 거네요.

단단 네, 그래요. 그래서 얘를 계속 보러 가요. 약속을 했죠. 물론 걔가 알아듣는 건 아니지만 내가 앞으로 너를 위한다고 하면 네가 이해할 수 있는 방식으로 하겠다. 네가 이해하지 못한다고 하면 내가 좀 아파도 하지 않겠다. 그게 지금 여기까지 온 것 같아요. 정신과 상담을 받거나 약으로도 안 되는 상황에서 흰눈이가 제가 한 발 내딛게 한 거라서. 그전까지는 잠도 되게 못 자고 약에 좀 의존했다면 이후로는 오히려 되게 잘 견뎌냈었던 것 같아요. 그러던 와중에 이놈의 재건축이….

무무 돌봄 관계에서 고양이를 돌본다고 하지만 본인도 돌봄 받는 것들이 있고 그 힘으로 활동을 이어나갈 수 있었던 거네요.

단단 네, 저는 할머니 고양이부터 손주 고양이까지의 고양이 3대의 디테일한 과정을 2년 동안 봤잖아요. 보니까 사람 사는 거랑 다를 바가 하나도 없는 거예요. 사람도 자기 자식 잘 자라길 바라고 또 좋은 직업 가져서 잘 먹고 잘 살았으면 바라잖아요. 그리고 결혼해서 자식 낳고 그렇게 대를 이어서 번성하길 바라듯이 고양이도 정말 똑같은 거예요.

제일 처음 만났던 어미 고양이가 새끼를 낳고 그 새끼들이 또 자기 새끼들을 낳아서 할머니로서 뒤에서 서포트하는 모습들을 봤거든요. 그냥 이 자체가 너무 좋은 거예요. 그리고 내가 그게 가능하도록 공터를 막고 있는 거잖아요. 사람이 자기의 존재 가치가 느껴질 때 힘이 나잖아요. 그 순간 그랬던 것 같아요. 그 기억들이 계속 남아서 힘이 되고 있는 것 같아요. 그리고 그런 경험을 가졌었기 때문에 이 활동을 하면서 소진되는 부분이 있지만 '나는 그걸 알고 있어. 그걸 봤어. 나는 중요한 증인이기도 해'라는 소명감 같은 게 어느 정도 지탱하게 해주는 힘인 것 같기도 해요.

그래서 중성화 수술이 어떤 면에서는 필요하긴 하지만 지금처럼 접근하면 안 된다고 생각해요. 중성화 수술은 고양이만의 서사나 가능성을 거세해버리는 거잖아요. 고양이는 인간처럼 책을 쓰거나 글로 정보를 공유하지 않고 유전자로 자기네 필요한 것들을 다음 자식한테 넘기는데 그걸 다 소거하는 건 좀 속상하더라고요. 왜냐하면 우리만 개성 있는 존재가 아니잖아요. 고양이도 개성이 있다는 건 다 알잖아요. 개성이 있다는 건 각각의 개체가 문제를 해결하는 능력이 미묘하게 차이가 생기고 그 차이가 번성하는 데 중요한 요인이 되는 건데, 이렇게 대하면 안 되는 거죠.

꼭빵 지금 중성화는 기계적인 측면이 있어요.

단단 재건축 재개발 때문에 계속 고양이가 위급한 상황이 되고 그 위급한 상황에서 고양이를 구조를 해야 되고 힘드니까 구조하고 보호하는 일이 어느 정도는 사람 편의에 맞춰져 있는 상황이라서 그 부분까지 지적하면서 가기에는 사실 현재는 아직 힘들다는 건 알지만 분명히 염두에 두어야 하는 문제라는 생각은 해요.

무무 단단 님이 고양이 돌봄의 일환으로서 공터를 지켰듯이 재건축 재개발을 막는 활동도 상상해 볼 수 있을까요?

단단 재건축 문제는 정말 쉽지 않은 것 같아요. 다른 문제는 제도 안에서 할 수 있는 일을 찾을 수 있었다면 재건축은 이해관계가 얽혀있어서 사회 전체의 패러다임이 뒤바뀌는 거 아닌 이상 당장 해결하긴 어려울 것 같아요. 그런 생각은 하죠. 재건축 문제는 인간의 힘을 벗어난 재해 수준의 일이 닥치면 해결되겠구나.

원호 전 지구적인 변화가 나타나지 않는 이상 이대로 사는 수밖에 없는 것 같아요. 기대를 너무 안 하고 지금 내 앞에 있는 아이들 잘 챙겨주고 하는 수밖에….

단단 저도 희망은 별로 안 갖는 것 같아요. 그리고 오히려 희망을 가지면 너무 절망하게 되는 것 같아요. 그냥 희망도 안 하고 절망도 안 하고 그러려니 하려고요. 그건 좋은 것 같아요, 힘 받는 존재가 사람인 것보다 고양이인 게 더 행운인 것 같다는 생각을 해요. 사람은 너무 믿어서는 안 되는 존재가 맞다. 고양이 중에 '사람은 너무 가까이하면 안 되는 존재야'라고 경계가 분명한 고양이들이 있어요. 그런 고양이를 보면서 '너는 정말 영특한 고양이다. 인간이 어떤 존재인 줄 아는구나. 그래, 나도 경계해' 이렇게 생각해요.

원호 그게 마음이 편하죠. 다가오면 이제는 불안해요. 학대가 너무 많다 보니까 처음에 몰랐을 때는 애들이 안 오면 왜 안 오냐 그랬는데 이제는 안 왔으면 좋겠어요. 도망갔으면 좋겠어요.

포도 그런 게 좀 슬프긴 해요. 매거진 탁! 지난 호에 다른 나라의 케이스들을 인터뷰하다 보니까 고양이가 사람과 친하지 않고 거리를 뒀으면 좋겠다고 생각하는 게 우리나라만의 특수성인 것 같아서 이게 좀 비극이라는 생각이 좀 들거든요. 고양이들은 자기가 여기가 안전하다고 여기면 어떤 행동을 취하잖아요. 배를 보인다든지 잠을 잔다든지 하는 그 행동이 한국에서는 몇 군데 지역 말고는 사실상 거의 불가능하다 보니까 좀 씁쓸한 것 같아요. 저희가 얼마 전에 인터뷰한 신소을 어린이가 그랬거든요. 고양이가 잘 지내고 있는 것만 봐도 좋은 동네라는 거라고 한국이 좋은 곳이 아니라는 걸 고양이 때문에 간접적으로 느끼는 거죠.

단단 되게 이상하지 않아요? 고양이한테 밥을 주면 왜 밥을 주냐고 막 화를 내. 근데 그게 더 이상한 거야.

매일 지는 마음, 그래도 이어가는 법

무무 고양이 활동이 소진도 많이 되고 힘든 활동이지만 앞으로 어떤 마음으로 고양이 활동을 이어나가실지에 대해서 여쭙고 싶어요.

원호 처음에 고양이를 구조하고 돌보면서 고양이를 살려야겠다는 초심을 잃지 않고 꾸준히 내가 지금 돌보고 있는 고양이를 책임지는 마음으로 끝까지 가고 싶죠. 그러니까 힘들다고 포기하지 않고 고양이를 위하는 마음이 바뀌지 않았으면 좋겠어요. 그냥 초심 그대로 아이들 끝까지 좋아하고 이렇게 돌봐주고.

꼭빵 저는 고양이로부터 받은 것은 무엇인지라는 질문의 연장인데, 어느날 길고양이가 저희 집에 들어와서 제가 그 고양이를 키우게 되고, 그 다음부터 길고양이한테 밥을 주고 하면서 인생이 완전히 바뀌었어요. 세상을 바라보는 관점도 완전히 바뀌었어요.
다시 돌아가면 이문냥이 구조를 할 거냐고 누가 물어봤어요. 저는 다시 돌아가도 할 것 같아요. 예전의 나보다 지금의 내가 세상을 바라보는 관점이 더 낫고 지금의 제가 더 좋아요. 그래서 이렇게 바뀐 관점을 더 많이 말하고 싶어요. 아직은 세상의 작은 일부분이지만 이런 마음도 있다, 이런 세계도 있다고 그런 믿음이 제 활동에 자양분이 되어왔고 앞으로도 저는 그 마음으로 계속 활동할 것 같아요.

단단 넷플릭스에 《러브 데스 로봇》이라는 애니메이션 시리즈가 있는데요. 지구가 멸망해서 로봇이 그 멸망한 지구를 돌아다니는데 살아있는 생명체가 고양이밖에 없는 그런 이야기에요.

포도 대박인데.

다니 다 좋아해. (웃음)

단단 자연환경이 파괴된 게 아니라 인간이 이룩한 도시가 파괴된 곳에 살아남은 고양이가 있다는 게 되게 상징적인 게 인간이 이룩한 것은 인간과 함께 사라지고 고양이는 고양이가 자기네를 이룩했지 인간이 고양이 이룩한 건 아니니까 예쁘게 이렇게 살아남아 있는데 되게 좋은 거예요.

꼭빵 결론은 인간 죽어···. (웃음)

단단 그 애니메이션처럼 결국엔 살아남는 건 너네였으면 좋겠다는 마음으로 '최대한 열심히 생육하고 번성하라, 고양이들' 이러면서 활동을 지속할 것 같아요. 예전에 친구들한테 그런 얘기를 했어요. 집에 고양이 두 마리 키우는데 정말 마지막 순간에 걔네랑 나랑 남으면 내가 너희의 피와 살이 되리라고···.

다니	무서운데요. (웃음)
포도	예수가 되는 것인데. (웃음)
단단	절대 내가 너희를 배고프다고 잡아먹지 않을게⋯.
다니	장르가 약간 바뀌지만 어떤 마음인지 알겠네요.
일동	(웃음)

안은영처럼 유쾌한 네 활동가의 이야기는 웃으면서 끝났지만 재건축 재개발 지역에서 고양이를 구조하고 돌보면서 자기를 돌보는 일은 마치 형용모순처럼 들렸다. 이미 소진되었고 희망도 별로 없지만 그들이 활동을 지속하는 이유는 고양이와 함께 발견한 세계 때문인 것 같았다. 어느 날 활동을 멈춘다고 해도 그들은 고양이와 발견한 세계의 증인일 것이며 그 세계로 기울어지도록 무게를 더하고 있을 것이다. 그러니 그들에게 져도 괜찮다고, 안 되겠으면 도망치라고 말해 주는 또 다른 홍인표가 나타나 이어달리기를 하는 세상을 꿈꿔본다. 이를 위해서 활동가 허들 낮추기, 자기 돌봄 지침 교육, 고양이가 살 수 있는 조건을 마련하는 일 등 활동가들이 나누어준 이야기가 더 많은 고양이 돌봄 이야기와 만나 실현될 수 있으면 좋겠다.

"친절한 사람들이 나쁜 사람들을 어떻게 계속 이겨요. 도무지 이기지 못하는 것까지 친절함에 포함되어 있으니까 괜찮아요. 져도 괜찮아요. 그게 이번이라도 괜찮아요. 도망칩시다. 안 되겠다 싶으면 도망칩시다. 나중에 다시 어떻게든 하면 될 거예요." ❺ *tac!*

❺
정세랑, 《보건교사
안은영》(서울·민음사, 2015), 265.

사진 제공: 민음사, 도서출판 마티

좋은냥이
좋은사람들

좋은냥이 좋은사람들은 동물보호 공익활동을 진행하고 고양이 쉼터를 운영하는 단체입니다. 2016년부터 재개발 철거지역과 위험지역에서 개와 고양이를 구조해 치료하고 보호, 입양 가족을 찾아주고 있습니다.

2021년에는 경기도에 로드킬 예방 홍보활동 및 경기도 동물학대 예방 조례를 제안해 입법화에 기여하기도 했습니다.

instagram @kong2baba

환대의
사회

#환대

어린이와 동물이

시민이 된다는 것

—— 김지은
아동청소년문학 평론가이며 그림책 연구자입니다. 유튜브 '그림책왓'에 참여하고 있습니다.
고양이들과 고양이를 사랑하는 책방과 고양이를 사랑하는 어린이들과 친구입니다.
instagram @myaldo
twitter @myaldo

1. 고양이도 시민입니다.

"곰도 시민이에요."

그림책을 펼치고 이 문장을 읽다가 번역을 맡았던 나에게 질문을 던진 사람은 대부분 어른 독자였다. "곰이 어떻게 시민이냐?"라면서 여기서 곰이 상징하는 바가 따로 있느냐고 물었다. "곰도 시민"이라는 선언을 문자 그대로 받아들이지 못하는 것이다. 어른 독자와 달리 어린이 독자들은 이 장면을 스스럼없이 읽거나 더 재미있게 받아들였다. 그리고 구체적인 이야기들을 했다. "곰이 시민일 수는 있는데 곰은 투표를 못 해요. 어떡하지?"라고 의견을 내는가 하면 "곰에게도 시민의 권리가 있지. 곰은 우리랑 같이 이웃으로 살고 있어. 과천시에 사는 곰도 있는 걸."이라고 곰이 시민인 근거를 말하는 어린이도 있었다. "과천시의 곰은 지리산 곰을 부러워할까?"라며 곰의 마음을 상상하기도 한다.

위에서 문장을 인용한 작품은 《시민은 무엇을 할 수 있을까요?》(데이브 에거스 글, 숀 해리스 그림, 김지은 옮김, 이마주 펴냄)라는 그림책이다. 이 안에는 시민이 된다는 것이 무엇인지 알 수 있는 여러 장면이 등장한다. 작가는 '곰도 시민이에요.'라는 문장을 통해서 공동체를 함께 꾸려가는 여러 생명들의 역할과 권리에 대해서 이야기한다. 거리를 걷다 보면 자주 눈에 띄는 버즘나무는 법률적 정의로는 시민이 아니지만 도시 공동체의 일원으로서 활약한다. 상쾌한 공기를 공급해주고 바람에 따라 잎을 흔들며 청명한 소리를 낸다. 그들 덕분에 우리는 자연의 초록을 감상하며 눈의 안정을 얻는다. 도시의 관청은 가로수 관리 담당부서를 두고 정기적인 가지치기와 방역을 실시하며 가로수를 책임지고 돌본다. 우리도 버즘나무를 함부로 대하지 않아야 하는 의무를 지니고 있다. 버즘나무 뿐만 아니라 고양이, 새 같은 동물들도 같은 공간을 누리며 함께 살아간다는 점에서는 시민이다. 서로의 존재를 동등하게 존중하며 보호하고자 노력하는 것이 맞다.

《시민은 무엇을 할 수 있을까요?》
(데이브 에거스 글, 숀 해리스 그림,
김지은 옮김, 이마주 펴냄)

2. 구월이가 가슴에 걸린 것 같아요.

오래 전 한 어린이 잡지에 글을 실으면서 그 잡지 독자인 어린이들의 편지를 받아 답장을 해주는 일을 한 적이 있다. 초등학교 4학년 애독자가 보내온 편지에 이런 내용이 있었다. 그 어린이에게는 중학생 언니와 함께 꾸준히 용돈을 모아 밥을 챙겨주며 돌보던 길고양이 한 마리가 있었다. 어린이의 집에는 투병 중인 할아버지가 있어서 고양이를 데려와 키울 수가 없었다. '구월이'라는 이름을 지어주고 보살폈는데 어느 날 구월이가 교통사고로 세상을 떠났다. 어린이가 보내온 편지에는 구월이가 사라진 뒤로 모든 것이 막막하게 느껴져서 책도 눈에 안 들어오고 무엇을 해도 슬프기만 하다는 이야기가 적혀 있었다. 편지는 "구월이가 가슴에 걸려 있는 것 같아요."라는 문장으로 끝맺고 있었다. 생명은 곁을 떠나면서 자신과 똑같은 무게의 눈물을 사랑하는 사람의 몸에서 덜어간다는 옛이야기가 있다. 어린이의 편지를 읽으면서 지금 얼마나 힘들까 짐작할 수 있었다. 그때 나는 어린이에게 신시아 라일런트의 그림책《고양이 천국》(신시아 라일런트 글,그림, 류장현 옮김, 책공장더불어 펴냄)을 읽어보라고 권했다.

《고양이 천국》은 사랑했던 고양이가 자신들만의 천국으로 가는 길에서 어떤 일이 일어나는지 말하는 작품이다. 고양이 천국으로 들어가는 노란색 문 앞에는 천사가 기다리고 있는데 그 천사는 고양이가 아무리 천천히 와도 도착할 때까지 차분하게 기다린다. 고양이가 도착하면 천사가 가장 먼저 하는 일은 뽀뽀를 하고 접시에 우유를 따라주는 일이다. 이곳에는 '비눗방울이랑 작은 쥐 인형이랑 캣닙이랑 연어, 참치, 정어리, 기가 막히게 맛있는 분홍색 물고기' 등이 가득하다. 고양이천국을 지키는 할아버지는 정원에 앉아 책을 읽거나 산책을 하곤 하는데 천국의 아기고양이들은 그 할아버지의 모자 위에 올라 앉아 잠을 잔다. 모든 고양이는 여기로 가는 길을 잘 알고 있기 때문에 혹시라도 구월이가 고양이천국을 찾지 못했을까 걱정하지 않아도 된다는 얘기를 덧붙였던 기억이 난다. 신시아 라일런트는 네 마리의 반려동물과 함께 사는 미국의 동화작가다. 그는《강아지 천국》이라는 작품도 남겼다. 그리고《그리운 메이 아줌마》(신시아 라일런트 글, 햇살과나무꾼 옮김, 사계절 펴냄)라는 작품으로 뉴베리상을 받았는데 이

《고양이 천국》,《강아지 천국》
(신시아 라일런트 글,그림, 류장현 옮김, 책공장더불어 펴냄)

이야기에서는 주인공 어린이가 사랑하는 메이 아줌마를 세상에서 잃고 길고 힘든 애도의 시간을 보낸다. 그는 이러한 작품들을 통해 사랑하는 존재를 떠나보낸 뒤 찾아오는 슬픔은 동물이었든 사람이었든 고르게 힘겹다는 것을 보여준다.

3. 혼자 밤을 보내는 고양이와 어린이

도시에 혼자 밤을 보내는 고양이가 있다면 혼자 밤을 보내는 어린이도 있다. 현실에는 눈에 잘 띄지 않는 보호의 사각지대가 있는데 주양육자가 생존의 위기에 처하면 그가 돌보는 어린이는 소리 없이 이러한 사각지대에 고립된다.

동화 《하얀 밤의 고양이》(주애령 글, 김유진 그림, 노란상상 펴냄)는 3학년 아연이의 이야기다. 남편과 헤어지고서 딸과 단둘이 자립을 시작한 아연이 엄마는 낮에 물류센터에서 일하고 밤에는 인터넷으로 이것저것 팔아 생활비를 마련한다. 아연이는 새 동네로 전학을 했고 갑작스러운 변화가 두렵지만 밤마다 "자면 안 돼."라고 다짐하면서 늦게 돌아오는 엄마를 기다린다. 혼자 남은 아연이의 시간을 버티게 해주는 건 비슷한 처지의 아기 길고양이 돌보기와 그림책이다. 그리고 아파트 안에 있는 작은 도서관이 아연이의 아지트다. 거기서 아영이는 하얀 밤의 고양이와 함께 아득한 시간을 지탱한다.

아연이 주변에는 선의를 가진 어른들이 있지만 생계가 절박해서 아연이를 챙기지 못한다. 그런 점에서 아연이는 길고양이와 닮았다. 그들이 아연이의 불안과 공포를 잘 알지 못한다는 점도 그렇다. 어느 밤 아연이는 추위를 피해 빈 도서관에 숨어드는데 이 장면에서 한겨울 따뜻한 자동차 아래로 숨어들었다가 목숨을 위협당하는 길고양이가 떠오른다. 책 속의 아연이는 고양이처럼 도서관 바닥에 엎드려 있다. 아연이가 온 힘을 다해 돌본 길고양이들은 고립된 아연이가 위기 속에서도 쓰러지지 않게 하는 일에 단단히 한몫을 한다. 어린이 시민과 고양이 시민은 이렇게 서로 의지하면서

《하얀 밤의 고양이》 (주애령 글, 김유진 그림, 노란상상 펴냄)

두려움의 터널을 통과한다. 약한 존재는 약한 존재의 기둥이 된다. 이것을 우리는 시민의 연대라고 부른다.

4.
인간의 꿈을 위해 희생된 고양이 시민

좀 다른 고양이 시민 이야기를 해보자. 우주여행을 간 고양이가 있다. 이름은 펠리세트다. 고양이가 우주로 여행을 갔다고 하면 사람들은 어떤 환상적인 모험담을 상상할지도 모른다. 펠리세트는 판타지에 등장하는 고양이가 아니고 실제로 생존했던 고양이다. 그 고양이의 일생에 대해서는 그림책 《우주로 간 최초의 고양이 펠리세트》(엘리사베타 쿠르첼 글, 안나 레스미니 그림, 이현경 옮김, 여유당 펴냄)에 자세히 나온다.

그림책을 펼치면 무중력 상태에서 둥둥 떠다니고 있는 고양이 한 마리가 나온다. 콜라주로 된 이 그림의 주인공은 프랑스 파리에서 길고양이로 살아가던 펠리세트다. 그는 줄이 끊어진 헬륨풍선처럼 위아래도 없이 둥둥 떠다닌다. 이야기의 시간적 배경은 1960년대 우주개발 경쟁이 치열하던 무렵이다. 강대국들이 서로 우주 공간에 사람을 보내기 위해 다투고 있었는데 사람이 탑승하기 전에 동물을 탑승시켜서 실험을 진행하는 경우가 많았다. 영리한 길고양이 펠리세트는 거리에서 포획된 다음 이 실험에 동원된다. 머리에 우주 정보를 기록할 전극을 심는 수술을 받았고 1963년 10월 18일 우주선에 탑승했다. 당시 과학자들은 펠리세트가 탑승할 때 "모험이 너를 기다리고 있을 거야."라고 말했다고 전한다.

《우주로 간 최초의 고양이 펠리세트》
(엘리사베타 쿠르첼 글, 안나 레스미니
그림, 이현경 옮김, 여유당 펴냄)

그 밖에도 우주에 간 동물은 많았다. 펠리세트 전에도 펠릭스라는 이름을 가진 고양이가 이 실험의 당사자로 선발될 뻔했다는 후일담이 전하는 것을 보면 셀 수 없을 정도로 여러 마리의 고양이들이 우주여행 실험 과정에 강제로 동원되었을 것이다. 그보다 앞선 1957년 11월 3일에는 라이카라는 이름의 개가 스푸트니크 2호를 타고 우주로 떠났다. 라이카는 모스크바의 길거리를 떠돌던 강아지였다. 다람쥐원숭이 미스베이커, 토끼 마르푸샤, 곰쥐 샐리, 에이미, 모우, 침팬지 햄, 히말라야 원숭이 앨버트 2세, 개 벨카,

스트렐카, 체르누사카, 치간, 데지크는 모두 우주에 가겠다는 인간의 꿈을 실현하기 위해서 자신의 의지와 상관없이 우주선에 태워졌던 동물 시민들의 이름이다.

그림책을 펼치면 고양이 펠리세트가 바라보던 우주가 나온다. 작가가 상상한 장면이다. 펠리세트가 우주에서 느낀 감정과 경험이 어떤 것이었는지 우리가 알 수는 없을 것이다. 그러나 영역동물인 고양이가 이유를 알지도 못한 채 혼자 우주선에 태워져 엄청난 크기의 소음과 진동을 견디며 우주로 보내졌을 때의 고통은 어느 정도 짐작 가능하다. 그림책을 보면 펠리세트의 귀환 이후 이야기가 나온다. 사람들은 펠리세트의 앞발바닥에 잉크를 찍어 '우주에 다녀온 최초의 고양이'가 남긴 서명이라며 높은 돈을 받고 그 발바닥 도장을 판매한다. 우주개발과 관련된 각종 기념품에는 펠리세트의 앞발바닥이 이용되었다. 이 그림책은 "오로지 인간 자신의 꿈에 대해서만 이야기하는" 세계의 비윤리성에 대해서 날카롭게 비판한다. 책을 쓴 엘리사베타 쿠르첼은 과학 실험의 과정에서 벌어지는 부조리함을 파헤쳐온 이탈리아의 여성 저널리스트다.

인간의 꿈은 고양이의 꿈과 같지 않다. 펠리세트처럼 인간의 꿈, 인간의 필요 때문에 목숨을 위협당하고 몸을 이용당하는 동물들이 많다. 오늘도 도처의 실험실에서 이루어지고 있는 수많은 동물 실험들은 목록을 헤아릴 수도 없다. 그리고 우리는 이것을 종종 꿈의 실현 과정이라고 부른다. 최근 출간되고 있는 어린이책들은 고양이가 원하지 않는 일에 고양이를 동원하는 것이 왜 문제인가를 짚고 있다. 인간이 동물에게 행하고 있는 일의 이면을 들여다보는 것이다.

5. 고양이의 꿈은 독립

이경혜의 동화 《책 읽는 고양이 서꽁치》(이경혜 글, 이은경 그림, 문학과지성사 펴냄)는 책을 좋아하는 어느 고양이가 멋진 독자로 성장하는 과정을 다룬 사랑스러운 이야기다. 이 작품은 고양이의 마음을 인간이 모두 들여다볼 수 있는 것처럼 그려져 있다. 의인화된 고양이 서꽁치는 흑묘도에 사는 고양이 서명월이 낳은 꽁치, 꽁돌, 꽁순, 꽁미, 꽁초 오남매 중 첫째다. 서꽁치 오남매는 엄마 고양이와 함께 사람의 집을 탈출해서 산자락 아래 폐가에 터를 잡고 독립을 시도한다. 남다른 기개의 소유자인 엄마 고양이 서명월은 첫째 서꽁치에게 가문의 비밀을 알려준다. 서꽁치의 성씨인 '서'는 책 '서' 자에서 따온 것이며 이 집안에는 33대째 대대로 딱 한 마리씩 책을 읽을 줄 아는 고양이가 태어나는데 그 특별한 고양이가 서꽁치라는 것이다. 한글이든 한자든 영어든 모든 글자는 선대 고양이 할아버지가 사람을 시켜서 만들어 둔 것이다. 따라서 서꽁치에게는 온 세상 글자를 모두 읽을 수 있는 놀라운 재능이 있다. 이 비밀을 알게 된 서꽁치는 책방 고양이로 살아가며 수많은 고전을 읽고 책에서 용기를 얻어 모험에 뛰어든다. 서꽁치는 마침내 걸작 그림책 사노 요코의 《100만 번 산 고양이》(사노 요코 글, 그림, 김난주 옮김, 비룡소 펴냄)를 읽게 된다. 이 책은 사람들의 고양이로 살아가다가 자신만의 고양이로 태어나 자유와 사랑을 누리는 들고양이의 이야기를 담고 있다. 고양이의 꿈은 독립이다. 《책읽는 고양이 서꽁치》 책의 마지막 문장은 "나는 떠오르는 해를 향해 힘차게 달려갔어!"로 끝난다. 고양이의 꿈이 독립인 것처럼 어린이의 꿈도 성장과 독립이다. 그런 점에서 어린이와 고양이는 같은 꿈을 향해 나아가는 존재들이다.

세계는 어린이와 고양이에게 위협적이다. 그러나 그들은 연대하며 자라나고 삶의 위기를 돌파한다. 우리는 고양이와 어린이의 용기에서 무엇을 배워야 할 것인가. 어린이와 고양이가 동등한 시민이라고 생각한다면 그들을 위험으로부터 보호하는 시스템을 만들어야 한다. 그리고 그들의 목소리에 귀를 기울여야 한다. *tac!*

《책 읽는 고양이 서꽁치》(이경혜 글, 이은경 그림, 문학과지성사 펴냄)

사진 제공: 이마주, 책공장더불어, 노란상상, 여유당, 문학과지성사

행운과 책임, 고양이가 주는 계시의 두 가지 의미:

레비나스와 함께 고양이를 환대하기

— 김동규

서강대 생명문화연구소 연구교수/인문학&신학연구소 에라스무스 운영위원. 프랑스 현상학, 해석학, 종교철학 연구자. 2014년 폴리 선생을, 2015년 주디 선생을, 2021년 한나 선생을 통해 또 다른 삶의 방식으로 체득해가고 있다. 고양이들과의 만남과 더불어 더 큰 행복과 위로, 가르침을 얻으며 살고 있는 연구자. 단순한 행복감을 넘어 고양이들에 대한 더 큰 책임의식을 느끼는 겸손하고 성실한 연구자가 되고자 한다.

— 폴리

2014년 8월 처음으로 함께 살게 된 선생. 이름의 유래는 철학자 폴 리쾨르다. 리쾨르처럼 장수하며, 멋있고 지혜로운 고양이로 커달라는 바람으로 지은 이름인데, 아니나 다를까 너무나 명민하고 예민하며, 자신의 타자인 집사와 다른 고양이를 배려할 줄 아는 참 스승이시다.

— 주디

2015년 5월 노동절을 맞이하여 함께 살게 된 선생. 이름의 유래는 철학자 주디스 버틀러다. 버틀러처럼 당당하면서도 유쾌한, 그러면서도 (특히 폴리 선생과) 평화를 추구하기를 바라는 마음에 지은 이름인데, 아니나 다를까 너무나도 순순히 폴리와 공존하는 삶에 들어와 준, 폭력을 모르는 참 스승이시다.

— 한나

2021년 9월 아내가 일하는 직장 환기구에서 구조한 고양이. 이름의 유래는 한나 아렌트다. 아렌트가 강조한 자유의 존재자가 되라고 지은 이름인데, 아니나 다를까 너무 자유롭다. 앞의 두 선생이 봐주는 것도 모르고 설쳐 대서 걱정했으나 지금은 공존의 삶으로 잘 진입한 상태. 무엇보다 삶/죽음의 경계에서 건강하게 살아주었으니 더 무엇을 바라겠는가!

계시와도 같았던 첫 고양이와의 만남,

그리고 사유의 시작

2014년 8월 3일. 무더운 여름 어느 날 아내의 간청에 이끌려, 지금은 폴리 선생으로 불리는 고양이를 처음으로 집에 모시게 되었다. 열악한 여건 탓에 더는 고양이와 함께 살기 어려워했던 이전의 반려인으로부터 이 고양이를 모시고 집으로 돌아가는 길, 운전하는 아내 옆 좌석에서 고양이가 긴장한 채로 슬며시 꿈틀대는 상자를 붙들고 있을 때, 나는 마치 레비나스나 카뮈가 말한 계시 같은 것을 느꼈다. 우선 카뮈의 말을 들어보자. "한 인간이 삶을 살아가는 동안에 얻는 위대한 계시란 매우 드문 것이어서 기껏해야 한두 번일 수 있다. 그러나 그 계시는 행운처럼 삶의 모습을 바꾸어 놓는다."❶

이 말대로, 고양이와의 만남은 내게 행운과도 같은 하나의 계시였고, 삶을 바꾼 일대 사건이었다. 그때부터 내 삶의 방식이 고양이를 배려하고 환대하기 위한 삶으로 바뀌었음은 물론이고, 그전까지 눈에 들어오지 않았던 주변의 고양이들을 대면하기 시작했다. 또한 철학자의 쓸데없는 사유의 근성 탓에 고양이와 이들을 둘러싼 여러 삶의 모습을 내게 익숙한 철학자의 시선으로 다시 보기 시작했다.

고양이들의 삶의 방식이 보여주는 아름다움, 범접할 수 없는 기쁨과 여유에 대해서는 더 말해 무엇하겠는가? 이에 대해서는 장 그르니에가 〈고양이 물루〉라는 짧은 글에서 이미 아름답게 기술한 바 있으니 여기서 재론할 필요는 없을 것이다. 폴리 선생과 함께 살기 시작하면서 내게 보이기 시작한 것은, 우리 주위를 돌아보면 심심치 않게 볼 수 있는 고양이를 향한 폭력과 배제의 현상이었다. 하루하루 생존을 위해 버티면서도 품격을 잃지 않으려는 길고양이에게 최소한의 배려도 허용하지 않는 학대와 폭력, 적대의 모습이 눈에 들어오기 시작한 것이다. 고양이 간식에 몰래 독을 타서 길고양이를 살해한 것 같은 현장을 스치듯 보았을 때의 충격은 지금도 쉬이 가시지 않는다. 어째서 이런 일이 계속되는 것이며, 우리는 고양이를 참된 나의 이웃으로 맞이할 수 없는 것일까?

❶
Albert Camus, "Préface," in Jean Grenier, Les Îles (Paris: Éditions Gallimard, 1959), 15; 〈섬에 부쳐서〉, 《섬》, 김화영 옮김 (서울: 민음사, 1997), 14.

폴리 선생

레비나스와 더불어 동물을, 또 고양이를 생각하기

이에 내가 즐겨 읽는 에마뉘엘 레비나스를 통해 고양이와 고양이를 둘러싼 폭력과 환대의 경계를 생각해보고자 하는 의욕이 일어났다. 타자성의 철학자, 환대의 철학자, 윤리의 성스러움을 드높인 철학자로 알려진 레비나스의 사유를 쫓아가면 고양이를 환대하는 삶의 심원한 의미에 도달할 수 있지 않을까 하는 기대감과 더불어 말이다. 하지만 여타 철학자들의 텍스트가 그러하듯 그런 기대감은 쉽게 충족되지 않는다. 일단 레비나스는 동물을 인간과 같은 인격적 존재자로 상정하지 않는다. 그의 동물에 대한 언급은 그가 제2차 세계대전 당시 나치 수용소에서 전쟁 포로로 갇혔을 때 만난 강아지 보비를 묘사할 때 등장한다.

> 전쟁 포로 수감자들이 강제 노역을 마치고 돌아왔을 때, 보비는 꼬리를 흔들며 그들을 반갑게 맞아주는 유일한 이였다. "어느 날 우리가 작업장에서 감시를 받으며 돌아왔을 때 그 강아지는 우리 무리를 만나기 위해 다가왔다. 그 개는 수용소 지역 야산에서 살아남은 자였다. 하지만 우리는 그를 소중한 강아지로 보아서, 이국적인 이름, 보비로 불렀다. 그 강아지는 아침 조회에 나타나곤 했으며 우리가 돌아오자, 펄쩍펄쩍 뛰며 기뻐서 짖어 대며 우리를 기다리고 있었다. 그에게 있어서 우리가 사람이라는 것은 의심의 여지가 없는 사실이었다. (…) 이 강아지는 충동에 대한 준칙을 보편화하는 데 필요한 뇌를 가지지 못한, 나치 독일의 마지막 칸트주의자였다."[2]

[2]
Emmanuel Levinas, "Nom d'un chien ou le droit naturel," in Difficile liberté (Paris: Albin Michel, 1963; 4e éd. 1995), 202.

너무나 아름다운 말처럼 보이지만, 일련의 레비나스 연구자들은 이 구절에서 레비나스의 인간중심주의를 읽어낸다. 여기서 인간중심주의란 "뇌를 가지지 못한, 나치 독일의 마지막 칸트주의자"라는 표현에서 보듯, 레비나스가 그 특유의 유대교 사유의 한계 아래서 동물을 인간보다 열등한 존재자로 본다는 비판이다. 실제로, 레비나스에게 타자에 대한 책임은 일차적으로 인간 타자인 타인에 대한 책임을 의미한다. 또 그는 동물이 인간과 같은 특성을 가진다거나 적극적으로 동물도 인간과 같은 타자이니 똑같이 보호하고 환대하자는 식의 말을 하지 않는다. 타인의 얼굴을 직접 마주할 때, 책임을 느끼게 되는 주체는 오로지 인간 주체인 '나'이며, 이 '나'는 타인의 무한한 요구에 응답하지 못한다는 점에서 트라우마를 안고 살아갈 수밖에 없는 숙명에 처한 자다. 이처럼 무한한 책임을 강조하기 위해 일종의 도덕적 죄책감마저 긍정한 데서 보듯이 매우 강한 방식으로 윤리의 의미를 강조한 레비나스지만, 이런 책임은 기본적으로 나와 나 아닌 다른 인간 이웃 사이의 관계에서 비롯한다.

레비나스의 철학에서 영감을 얻은 많은 이들이 당혹감을 느끼는 것도 이 대목이다. 실제로 레비나스의 살아생전 영국의 워릭대학교 대학원생들이 대학원 수업에서 그의 《전체성과 무한》을 읽고 받은 감동과 물음 거리를 주체하지 못해 레비나스의 집을 직접 방문한 적이 있다. 그때 그를 찾아간 학생들도 동물과 관련해서 레비나스 철학에 여러 문제를 제기했다. 그들은 과연 동물의 얼굴과 인간의 얼굴이 어떤 점에서 다른지, 인간이 나에게 죽이지 말라고 부르짖는 것처럼 동물도 그렇게 하지 않는지, 만일 그렇다면 인간도 동물에게 책임이 있는 것이 아닌지를 물었는데, 이에 대한 응답을 보면 실은 레비나스가 동물을 자신의 철학에서 아예 배제하기만 한 것은 아니라는 사실을 알 수 있다.

❸
Emmanuel Levinas and al., "The Paradox of Morality: An Interview with Levinas," trans. Andrew Benjamin T. Wright, in The Provocation of Levinas: Rethinking the Other, eds. Robert Bernasconi and David Wood (London: Routledge, 1988), 169.

기본적으로 그는 "우리는 동물의 얼굴을 전적으로 거부할 수 없습니다."라고 하면서, "개에게는, 동물에는 다른 현상이 있습니다. 이를테면, 자연의 힘은 순수한 생명력입니다"라고 말한다.❸ 즉, 그는 인간이 동물보다 더 나은 존재자라고 하기 보다, 동물을 굳이 인간화할 필요는 없고, 오히려 인간과 동물을 다르게 이해하는 편이 더 낫다고 본 것이다. 동물에게서 인간과 같은 인지 기능을 발견하려고 하는 것은 동물과의 윤리적 관계를 고려할 때 그렇게 중요한 문제는 아니라는 게 그의 동물에 관한 기본 이해. 다시 말해 윤리적 차원에서 핵심은 동물의 기능이나 능력이 아니라 **동물과 나의 관계**를 고민하는 것이다.

바로 이 지점에서 우리는 동물, 또는 (레비나스는 따로 언급하지 않았지만) 고양이에 대해 색다른 접근을 할 근거를 얻는다. 분명 고양이가 인간과 같은 뇌를 가진 것은 아닐 것이다. 하지만 고양이와 나와의 관계에서 그게 무슨 큰 문제가 되겠는가? 고양이의 신체적, 인지적 기능이 우리와 다를 뿐이지 고양이 역시 레비나스가 찬사를 보낸 "보비"처럼 타인을 수단으로 삼지 말고 그 자체 목적으로 대하라는 칸트의 도덕적 정언명법을 ─ 설령 이를 몰랐다 하더라도 ─ 충실히 수행하는 존엄한 동물로서의 격을 보여줄 수 있는 탁월한 존재자일 수 있다. 어쩌면 자꾸 고양이를 우리와 같거나 유사한 존재자로 보려고 하는 시도야말로 또 다른 인간중심주의일지 모른다. 고양이는 고양이이고 인간은 인간이며, 고양이는 인간과는 다른 방식으로, 인간보다 더 존엄한 이일 수 있다. 포로들을 환대해준 보비처럼 인간에게 눈인사를 보내고, 골골송을 부르며 몸을 비비적거리면서 자기 머리와 몸을 내게 슬며시 내어주는 환대의 행위를 행하기도 하며, 때로는 자신의 먹을 것을 ─ 내게 벌레를 물어다 준 또 다른 우리 집 고양이 선생 주디처럼 ─ 손수 가져다주는 그이들로부터 그들만의 숭고하고 존엄한 격을 발견하기란 어려운 일이 아니다.

더 중요한 문제는 이런 고양이와 다른 동물을 대하는 인간의 태도와 책임이다. 바람직하고 적절한 태도와 책임이 고양이에 대한 환대의 삶을 이루고자 하는 이들에게는 더 중요한 삶의 계기로 작용할 수 있다. 그래서 레비나스도 말한다. "나는 뱀이 얼굴을 가졌는지 모릅니다. 나는 이 물음에 답할 수 없습니다. (…) [하지만] 동물을 인간 존재자로 여기지 않고서도, 윤리적인 것이 모든 살아있는 존재자로 확장되는 것은 분명합니다. 우리는 동물이 불필요하게 고통을 겪게 하고 싶어 하지 않습니다. 다만 이것의 원형이 인간의 윤리입니다. (…) 동물은 고통을 겪습니다. 우리가 인간으로서 이 의무를 질 수 있는 것은 고통이 무엇인지 알기 때문입니다."[4]

❹
같은 글, 172.

레비나스는 여기서 인간이 지닌 한계를 인식하면서 동물에 대한 책임에 접근하려고 하는 것 같다. 누군가 자기 고양이에게 한마디 말을 가르칠 수 있다면 "나 아파"라는 말을 가르치고 싶다고 했다는 말을 들은 적이 있다. 이는 아마 고양이의 생각과 말을 미처 다 알 수 없는 집사의 한계를 냉정하게 인식한 말이리라. 그리고 어떻게든 고양이에게 민감하게 반응하려는 애틋한 마음과 의지를 담은 말이리라. 이렇듯 고양이가 인간인 나와 전적으로 다름을 인정하고 고양이의 목소리와 몸짓의 말 건넴에 내가 더 민감해질 수 있음이 바로 고양이와 만남에서 비롯한 도덕적 의식이며, 급기야 이렇게 수동적으로 일깨워진 민감함이 우리에게 윤리적 환대의 삶을 열어준다. 우리는 고통받는 타인의 얼굴, 신체의 울렁거림을 느낄 수 있고, 거기서부터 우리의 도덕적 의식도 깨어난다. 마찬가지로 우리는 고양이가 길에서 허기를 느낄 때, 발을 절뚝거릴 때 나를 도와달라는 무언의 목소리를 들을 수 있다. 이것은 근본적으로 합리적이고 이성적 판단에 앞서는 신체적 반응이며 의식적 반성보다 더 근원적인 감각의 촉발이다. 이성적 헤아림과 계산이 앞선다면 고양이보다는 자기를 보존하는 삶이 더 합리적인 선택이 될 것이다. 하지만 레비나스는 이런 부름에 대한 응답이 타자와의 관계의 핵심이라고 보며, 이 관계에서 나의 부도덕한 이성적 계산을 가로지를 가능성이 생겨난다고 본다. 비록 인간처럼 말하지는 않더라도, "너는 살해하지 말라"[5]라고 속삭이는듯한 고양이의 목소리와 시선에 직면할 때, 나의 이성적 차가움을 누그러뜨리는 환대와 책임의 따뜻함이 솟아날 수 있다.

❺
이는 레비나스 철학의 핵심적 언명 가운데 하나다. 타자는 일차적으로 나에게 시선으로 오지만, 궁극적으로 목소리로 내게 주어진다. 레비나스는 그러한 타자의 얼굴의 목소리가 안고 있는 가장 근원적인 일차적 요구를 "너는 살해하지 말라"라는 명령으로 이해한다. **Emmanuel Levinas, Éthique et Infini: Dialogues avec** Philippe Nemo (Paris: Fayard, 1982), 93; 에마뉘엘 레비나스, 《윤리와 무한》, 김동규 옮김(고양: 도서출판 100, 2020), 98. 우리는 이를 '나를 살려달라'라는 긍정형으로 이해할 수도 있을 것이다.

고양이와 함께

초월을 맞이하기

이 지점에서 누군가는 이렇게 물을 수 있다. '왜 굳이 나인가? 왜 내가 환대해야 하는가?' 그것은 그저 우리에게 도움을 요청하는 각각의 존재자가 나를 살려 달라고, 나를 죽이지 말라고 부르기 때문이다. 이런 점에서 레비나스는 우리가 너무나도 당연시하는 이기적 자유나 자유 지상주의적 자유 개념에 도전한다. 그런 식의 자유는 모든 인간의 자유를 긍정하는 것처럼 보이지만 실은 인격이 아닌 추상화된 개인이나 시장을 보존하기 위한 이념화된 자유일지 모른다. 레비나스에게 나의 자유는 헐벗고 굶주린 타자를 외면함으로써 수치심을 느낄 수 있는 실존적 개별자인 나의 자유다. 물론 인간 타자의, 또는 고양이의 도덕적 부름에 응답하는 것은 각자의 몫이고, 우리는 이 모든 부름에 응답할 수 없을지도 모른다. 그런 경우 우리는 타자를 책임지지 못하는 나자신에게 수치심을 느끼게 되며, 또 어떤 경우에는 그런 한계를 넘어서기 위해 동물을 위한 또 다른 조직이나 제도와 협력하고 연대할 수도 있다 — 이런 것이 레비나스에게는 '제삼자'에 대한 책임 개념으로 발전된다. 하지만 이런 책임의 확장을 일으키는 것은 다른 무엇보다도 '지금 여기서' 내게 울부짖는 고양이와의 만남이다. 어쩌면 이 만남과 부름보다 더 근원적인 윤리적 사실은 없을 것이다. 내가 비록 모든 고양이에게 응답할 수 없을지라도 그이들의 부름이 있는 한 나에게는 늘 책임이 있으며, 언제나 그 책임은 나에게 부담과 트라우마를 지운다.

일견 이런 식의 사유는 우리에게 과도한 부담만을 안겨주는 것처럼 보이지만, 이런 부담과 트라우마가 나에게 오롯이 짐으로만 부과되는 것은 아니다. 윤리적 환대의 삶은 우리가 관성적으로 살아가던 세계에서의 삶과는 다른 삶으로 우리를 부른다. 오직 내가 중심이 되고 다른 것보다 내가 우선시되는 그런 세계를 넘어설 수 있는 '초월'이 타자로서의 고양이의 부름과 그에 응답하는 나와의 관계에서 비롯할 수 있다. 이기적인 나에서 이타적인 나로의 전환! 고양이는 어쩌면 답답하고 폐쇄적인 자기-만족적 일상을 뚫고 그 너머의 삶으로 나아가게 해주는, 일종의 세속 성자 같은 범속한 의미의 구원자가 아닐까?

❻
Emmanul Levinas, "La Bible et les Grecs," in À l'heure des nations (Les Éditions de Minuit, 1988), 156.

❼
아내는 작년 10월 본인이 일하는 회사 환기구가 빠진 355그램 남짓한 작은 고양이의 부름에 응답했다. 나 역시 그 부름에 응답하여, 이제 세 번째 계시에서 비롯한 또 다른 행운의 삶을 살고 있다. 이제 그녀는 한나 선생으로 불리며 이런저런 가르침을 집사들에게 주고 있다.

어쩌면 레비나스가 타자와의 만남을 계시로 묘사한 것은 이 이유 때문일 것이다. 각박함과 이기성이 곳곳에 스며들어 있는 세계와 삶에 균열을 내는 고양이의 부름은, 마찬가지로 그렇게 각박해지고 이기적인 자가 되어버린 나를 구해줄 수 있는 계시일지도 모른다. 고양이의 부름에 귀 기울이고, 또 그에 도덕적 책임으로 응답할 때, 우리는 바로 그런 계시를 체험하고 있는 것일지 모른다. 카뮈가 말한 의미 그대로, 그러한 고양이의 계시는 "행운처럼 삶을 바꾸어 놓는 것"일 수 있다. 그런데 그러한 행운을 체험하기 위해서, 나의 삶을 바꾸기 위해서는 레비나스의 말처럼 그러한 계시에 긍정적으로 응답해야 한다. 이제 우리는 고양이와의 만남을 다시 생각하며 카뮈가 제안한 계시를 거쳐 레비나스의 계시에 대한 이해에 이른다. "이런 처음으로 오는 자에 대한 책임 속에 계시의 예고 또는 계시의 실현이 있다. 설령 이 이가 작은 낙타라고 해도 (⋯)"❻ 여기서 "작은 낙타"를 "작은 고양이"로 바꿔서 읽어도 큰 무리는 없을 것이다.❼ *tac!*

어린이가
만드는

고양이와 함께 사는 세상

인천에 위치한 서흥초등학교는 학교에서 돼지 뚱이를 돌보고, 햄스터
돌봄 동아리인 '햄스티밭', 고양이 돌봄 동아리인 '묘한건축사무소'가 있는
혁신학교이다. 동물자유연대와 포스코가 함께 제작한 급식소가 학교 내외에
설치되어 있다.

묘한건축사무소 어린이들과 미세기화실 김아름 선생님이 함께 동네고양이와
공존하는 모습을 만드는 시간을 가졌다. 서흥초 목공실에서 사용하고 남은
나뭇조각과 평소 집에 있던 다양한 자투리 재료들을 활용하여 만들기를 해보았다.
어린이의 시선으로 바라본 동네고양이와 함께 살아가는 세상은 어떤 모습일까?

미세기화실

미세기화실은 서울 종로구에 위치한 '밀물과 썰물'이란 뜻의 그림 그리는 공간이다.
'자유회화'와 '어린이 미술'을 진행하고 있다.
instagram @misegi_drawing

묘한건축사무소

서흥초등학교 안팎의 동네고양이를 돌보는 동아리이다.
교내에 목공실이 있어 동네고양이를 위해 다양한 목공 활동도 진행한다.

"오늘은 여러분들이 지구 안에서 인간과 고양이가 어떻게 하면
함께 어울려서 살 수 있는지 생각하며 고양이를 위한 공간을
한번 만들어 볼 거예요."

| 정인석

<고양이 하우스>예요. 어른고양이는 못 들어가고 아기고양이만
지낼 수 있는 공간이에요. 지붕 아래에 아기고양이와 밥그릇 등을
넣어뒀는데, 지붕을 먼저 만드는 바람에 아기고양이 모형이랑
밥그릇을 힘들게 넣었어요.

고양이 하우스

| 정서율

손이 가는 대로 만들었어요. 점토에 사인펜으로 색을 칠해 오묘한
색을 만들었고, 그 점토를 나뭇조각에 붙였어요. 털실로 러그를
만들었고, 옆에 의자도 두었어요. 집이 넘어질까 봐 기둥도
세웠어요. 이 작품의 이름은 <편안한 집>입니다.

최지우

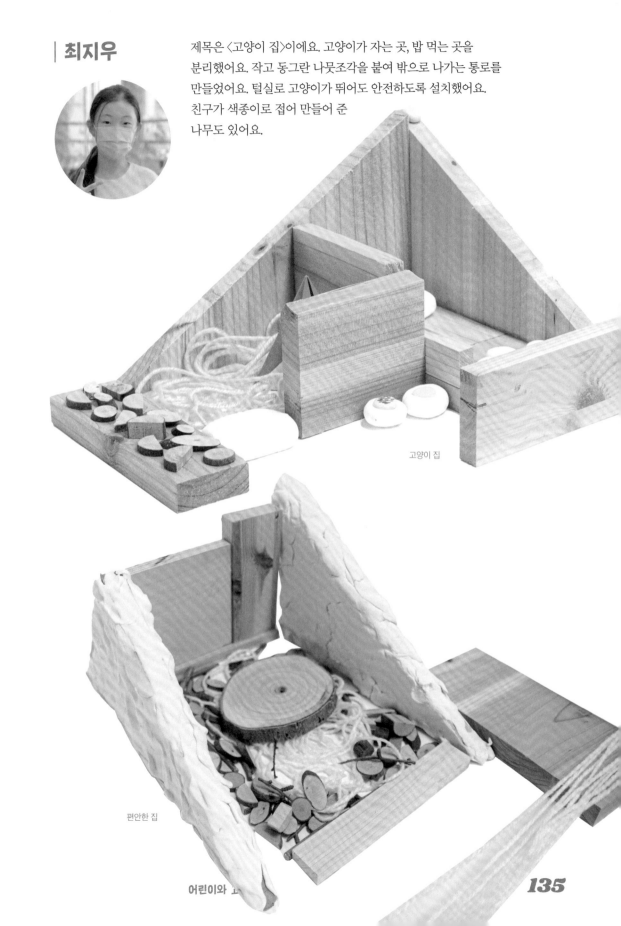

제목은 〈고양이 집〉이에요. 고양이가 자는 곳, 밥 먹는 곳을
분리했어요. 작고 동그란 나뭇조각을 붙여 밖으로 나가는 통로를
만들었어요. 털실로 고양이가 뛰어도 안전하도록 설치했어요.
친구가 색종이로 접어 만들어 준
나무도 있어요.

고양이 집

편안한 집

김민슬

〈고양이 쉼터〉예요. 선생님이 만든 점토 고양이가 나무 방석 위에 자리를 잡았어요. 지우랑 같이 작은 나뭇조각을 이용해서 고양이가 올라갈 수 있는 길을 만들었고, 점토로 고양이 쉼터라는 발자국 표시도 해두었어요.

고양이 쉼터

김건형

〈조선 고양주의 민주주의 집〉이라는 작품입니다. 이름은 북한의 명칭에서 가져왔는데 특별히 큰 연관성은 없어요. (중간에 한 번 망가져서) 털실을 사용해서 더 튼튼하게 지어보았습니다. 폐쇄적으로 보일 수 있는데, 열린 공간입니다. 고깃집처럼 환풍구 같이 생긴 식탁을 여러 개 만들어 보았고 고양이들이 캣타워로 쓸 수 있어요.

| 오혜림

상자를 이용해서 고양이가 편히 쉴 수 있는 공간을 만들었어요. 제목은 〈캣하우스〉예요. 이 상자 안에는 사람도 고양이와 함께 들어갈 수 있어요. 털실로 고양이 장난감도 달아두고, 고양이가 잠자고 밥 먹는 공간을 배치하는 데 신경을 가장 많이 썼어요.

캣하우스

조선 고양주의
민주주의 집

어린이와 고양이

고양이의 다양한 특징을 고려하여 독특한
공간이 만들어졌다. 같은 재료를 가지고도
각자 다른 새로운 표현을 한 친구들의
작품을 보고 감탄이 절로 나왔다. 앞으로도
묘한건축사무소가 어떻게 동네고양이와
함께 어우러져 살아가는 세상을 만들어갈지
기대된다. *tac!*

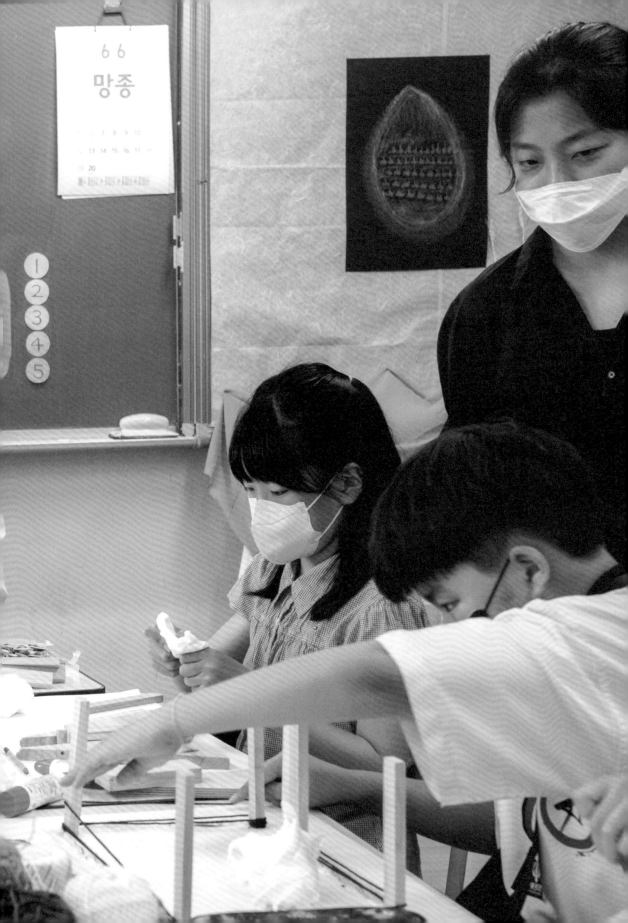

어린이와 나누고 싶은 동물권에 대한 이야기

— 박일아

영화를 통해 타인과 소통하고 공감하는 것이 세상을 바꾸는 한걸음이라고 믿는다. 영화인문학 강의를
하며 서울국제어린이영화제에서 프로그래머로 활동하고 있다.
instagram @whoam_ila

**〈고양이들의
아파트〉요?**

**어린이들이
이해할까요?**

2022년 서울국제어린이영화제 라인업에 〈고양이들의 아파트〉(정재은, 2020)를 올렸더니 나온 반응이었다. 어린이영화제에서 아파트 재건축으로 동네고양이 이주 프로젝트를 진행한 영화를 상영한다니 의문을 가질 수도 있겠다. 하지만 그런 의문은 '어린이'에 대한 고루한 편견을 한 겹 걷어내고 영화를 감상한다면 금세 사라질 우려에 불과하다.

어린이영화제에서는 매년 어린이 감독이 제작한 작품 공모를 받고 있는데 재건축이나 재개발을 다룬 영화를 종종 볼 수 있었다. 어른들은 재건축 혹은 재개발을 복잡하고 무거운 주제라고 생각해 '애들은 그런 거 몰라도 돼!'라고 치부할지 몰라도, 아이들은 자신의 생존이나 삶에 큰 영향을 주는 지점이라고 느끼면 관심을 두고 자신이 처한 상황에 대해 고민한다. 살던 집을 허물게 되면 순차적으로 발생할 이별 상황, 그간 유대감을 형성해온 많은 것들에 대해 왜 걱정이 없겠는가. 그 땅을 향유하고 있던 생명체라면 연령에 상관없이 변화할 미래에 대해 함께 고민하고 상황을 헤아려야 할 사안임이 틀림없다.

영화 〈고양이들의 아파트〉는 2019년 본격적인 재건축 공사를 앞두고 둔촌주공아파트 부지에서 살고 있던 고양이들을 위한 '둔촌주공아파트 동네고양이들의 행복한 이주를 준비하는 모임(이후 둔촌냥이)'의 기록이다.

영화는 하이앵글숏으로 녹음이 푸르른 아파트 단지를 보여주면서 시작한다. 끝없이 펼쳐진 건물들을 오르락내리락하는 사다리차의 굉음이 거슬려질 때쯤 천진난만한 고양이들이 하나둘 모습을 나타낸다. 계절이 바뀌면서 점점 비워져 가는 단지 내 세대와 늘어가는 쓰레기의 풍경에도 한가로이 거니는 고양이들만은 한결같다. 아니다. 육중한 바큇자국만 있는 흙더미 사이에서나, 많은 인파가 이동하는 도보에서나 담벼락 밑으로 고양이 밥을 밀어 넣는 둔촌냥이의 활동가들도 한결같다.

영화의 마지막은 모든 건축물을 걷어내고 흙바닥만 드러낸 드넓은 부지를 다시 하이앵글숏으로 긴 시간 보여준다. 사이사이 둔촌냥이 활동이 없었다면 늘어진 몸짓과 또랑또랑한 눈망울을 가진 고양이는커녕 어떤 식물이나 동물도 결코 살아남을 수 없었을, 파헤쳐진 흙바닥만 펼쳐져 있었다. 아이들은 이 장면들을 보면서 어떤 감정을 느끼고 어떤 생각을 하게 될 것이다. 그 경험이 현재의 어른들보다는 조금 더 배려심 있고 가치지향적인 선택을 하는 데 도움이 되기를 바란다.

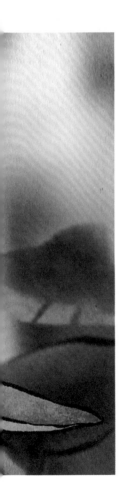

영화에서 아리송했던 장면이 하나 있었다. 사람이 떠나니 고양이 못지않게 그 공간을 누비던 새들이다. 작은 새들은 열매를 쪼아 먹기도 하고 커다란 까치는 빈집에 갇혀 부리로 창을 쪼아대기도 했다. 새를 잡으려 나무에 오르는 고양이를 보면서 이들 사이에 무슨 서사가 있을까 했는데 그저 고양이의 이웃으로 등장한 새들이었다. 그때 이 영화가 고양이가 영물이라서 고양이만 집중하는 것은 아니라는 생각이 들었다. 죽어가는 모든 생물을 사랑하는 마음으로 우리의 이웃인 고양이를, 새를, 나무를 돌보는 것. 그게 삶의 미덕이 아닌가.

새! 그는 고양이 못지않게 천덕꾸러기로 인식되었던 전적이 있는 생물일 것이다. 새는 높은 적응력으로 도시에서 인간과 오랜 시간 동거를 해왔지만, 개체수가 많아지면서 새를 기피하는 사람들이 늘었다. 최근에는 앵무나 금화조 등 반려새를 키우는 인구가 생기면서 반려새를 산책시키는 모습을 보기도 했는데 생소하면서도 말할 수 없이 신비로운 광경이었다.

보고 나면 마음이 따뜻해져 어른이나 아이 할 것 없이 모두에게 추천하고 싶은 단편 애니메이션 〈삐로삐로〉(백미영, 2021)는 바로 새에 대한 이야기다. 산새 삐로삐로는 우연히 꽃집 새장에서 사는 달래를 보게 된다. 삐로삐로는 달래에게 함께 산으로 가자고 하지만, 비 오는 날 날개가 다쳤던 달래는 꽃집을 나갈 엄두를 내지 못한다.

섬세하고 서정적인 그림체는 눈을 사로잡고 대사 없이 진행되는 음악도 정서적으로 평안함을 선사하는 작품이다. 무엇보다 누구 하나 재촉함이 없다. 살기에 더 좋은 곳이 있으니 나를 따라나서라는 강요도, 너는 날개 부상으로 야생에서 살 수 없다는 윽박질도 없다. 같은 개체끼리도, 다른 종끼리도 할 수 있는 방법으로 소통하고, 받아들이는 만큼 기다려주고, 그 선택까지도 존중할 뿐이다.

올해의 어린이영화제 주제는 '어린이를 듣다'이다. 어린이가 목소리를 내는 것에 그치지 않고 이를 듣고 반응하는 청자로서의 어른까지 담으려 했다. 또한 비언어적인 표현 방식으로도 의지와 감정을 표현하는 '어린이'라는 존재 자체를 듣자는 의미도 담고 있다. 그러고 보니, '어린이'라는 단어를 '고양이'로 치환해도 되겠다는 생각이 든다. 아니, 고양이뿐만 아니라 지구를 함께 점유하고 있는 모든 생물체를 넣어도 이상할 게 없다. 어린이를, 고양이를, 새를, 지구를 듣다. 지금껏 주변으로 미뤄뒀던 생명체, 그 존재에 귀를 기울여야 할 시간이다. *tac!*

영화
정보

고양이들의 아파트

정재은 / 88' / 2020 / 대한민국 /
전체관람가 / 다큐멘터리

삐로삐로

백미영 / 9 ' 30" / 2021 / 대한민국 /
전체관람가 / 애니메이션

서울 동쪽 끝, 거대한 아파트 단지. 그곳은
오래도록 고양이들과 사람들이 함께 마음껏
뛰놀고 사랑과 기쁨을 주었던 모두의
천국이었다. 하지만 재건축을 앞두고 곧
철거될 이곳을 떠나려 하지 않는 고양이들을
걱정하는 사람들이 있다. "물어보고 싶어요.
여기 계속 살고 싶냐고" 고양이들과
사람들의 행복한 작별을 위한 아름다운
분투가 시작된다.

산에 사는 새 '삐로삐로'는 우연히 도시 속
꽃집에 사는 새 '달래'를 만난다. 삐로삐로는
달래가 자신과 함께 날아갈 수 있도록 용기를
건넨다. [제17회 인디애니페스트]

사진 제공:
(주) 메타플레이, 서울국제어린이영화제

반려견과 어린이 손님 모두 반가워요
DOGS & KIDS
WELCOME

@nariplanet

스튜디오
포카

작업실과 숍을 겸한 일러스트 스튜디오 포카를 운영 중 입니다. 반려견 '포카'의 이미지
생산부터 판매, 배송까지 일련의 과정을 오롯이 경험하며 '생산자'의 위치에서 다양한 매체를
실험해보고 있습니다.

twitter @nariplanet

Toooooooown
in
the

차별   없는

houseeeeeeee
APT:

공존

photographer **holi yoon**

서로
배우기

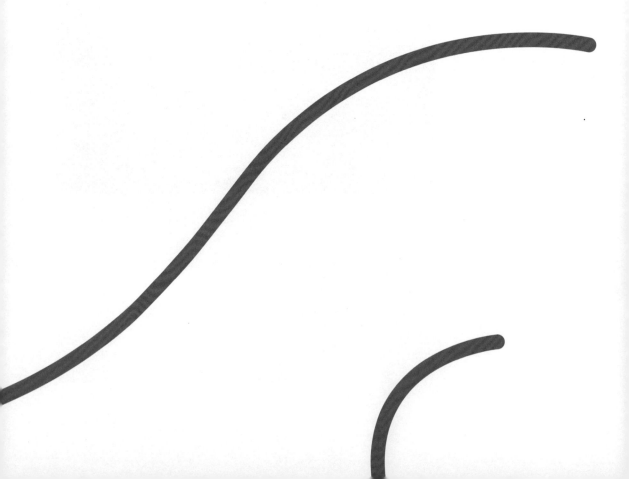

길에서 고양이를 만날 때 ── 묘한건축사무소, 동물의사
만나고 알고 움직이다 ── 뚤추, 노랭
동물권 교육 프로그램

길에서 고양이를 만났을 때:

청소년 활동가가 설명하는

동네고양이 돌봄

묘한건축사무소

—— 왼쪽부터 장해솔, 박서윤, 박미래

인천 서흥초등학교 '묘한건축사무소'는 학교 안팎의 동네고양이를 돌보는 동아리이다.
'묘한건축사무소'라는 이름은 교내에 목공실이 있어 동네고양이를 위해 다양한 목공 활동도
진행하기 때문에 학생들이 직접 붙인 이름이다. 교내에 설치된 급식소를 당번제로 운영하고
있고, 학교 근처의 재개발 예정지나 공원 등에 동네고양이들을 돌보러 가기도 한다.

묘한건축사무소 출신 청소년들이 매거진 탁! 사무실에 모였다. 초등학교 때부터 다년간
고양이 활동을 해온 청소년 고양이 활동가들에게 고양이 돌봄 활동의 팁을 들어보자.

자기소개 부탁드려요.

해솔: 고양이 한 마리와 함께 살고 있는 중학교 1학년 장해솔입니다.
서윤: 저는 아직 아무도 안 키우지만 올 11월에 고양이를 입양 예정인 박서윤입니다.
미래: 저도 아무도 안 키우는 박미래입니다.

어떻게 동네고양이를 돌보게 되었나요?

서윤: 제가 초등학교 3학년 때 아파트 단지에 고양이가 한 마리 버려졌어요. 주민들
말씀으로는 어떤 할머니가 이사 가면서 고양이를 버리고 갔다고 하더라고요.
그 고양이가 너무 불쌍해서 간식 챙겨주고, 박스 놓아주고 하면서 점점
고양이에게 관심이 생겼어요. 안타깝게도 그 고양이는 길에서 몇 년 더 지내다
올겨울 지나면서 안 보이는 거 보니 무지개다리를 건넌 것 같아요.
해솔: 저는 초등학교 주차장 근처에서 지내는 고양이가 있다고 해서 친구들이랑
고양이를 만나러 갔다가 고양이가 너무 귀여워서 그때부터 돌봐주게
되었어요.
미래: 저도 3,4학년 때 해솔이를 따라서 고양이를 보러 갔다가 너무 귀엽고
정들어서 활동을 시작하게 되었어요.

초등학교 때 '묘한건축사무소'라는 고양이 돌봄 동아리
활동을 했다고 들었어요. 사실 초등학교에 고양이 돌봄 동아리가
흔하진 않은데 묘한건축사무소 활동이 어땠는지 궁금해요.

미래: 학교 인근 재개발 예정지역이나 근처 공원의 동네고양이를 돌보러 함께
다니면서 고양이에게 크고 작은 도움을 줄 수 있었던 것이 큰 보람이었어요.
그렇지만 재개발 구역에서 지내던 고양이들 이주 활동을 진행하지 못해서
아쉬웠어요.
서윤: 재개발 구역의 활동가분들과 소통하기 위해서 밥자리에 저희가 쪽지를
적어서 나무에 매달아두었었는데, 진짜 연락을 주셔서 감동이었어요. 솔직히
연락이 안 올 줄 알았는데 그래도 고양이들을 이렇게 생각하는 분들이 많다는
것이 느껴져서 좋았어요.
해솔: 학교 내에 고양이 급식소를 관리할 때 동네고양이들이 밥을 먹으러 와줘서
좋았어요. 근데 먹고 나서 사료를 뒤집어놓고 난리 치고 갈 때는 조금
힘들었어요.

길에서 동네고양이를 만났을 때 어떻게 하면 좋을지,
고양이를 잘 모르는 친구에게 해주고 싶은 조언이 있나요?

서윤: 일단 길에서 고양이를 만났을 때 저처럼 반갑다고 뛰어가면 안 된다고 말해
주고 싶어요. 그다음에 앉아서 눈뽀뽀(고양이와 눈을 마주치고 서서히 눈을
깜빡이는 인사)를 해보라고 알려줄 거예요.

미래: 만약 고양이한테 다가갔는데 고양이가 피하면 그냥 두고 가는 게 좋은 거
같아요. 사람을 좋아하는 고양이라면 같이 좀 놀아주고요.

해솔: 저라면 처음에 고양이에게 인사를 멀리서 해주고, 고양이가 다가오거나
사람을 좋아하는 것 같으면 살살 만져줄 거에요. 고양이의 반응을 보고 거기에
맞춰서 대해 줄 거예요.

고양이가 배고파 보인다면 어떤 음식을 주나요?

서윤: 아무리 고양이가 배가 고파 보여도 인간이 먹는 음식은 절대로 주면 안 돼요.
만약 집이 가까우면 집으로 달려가서 고양이용 캔이나 간식을 가져다줄
것 같아요. 집에서 먼 곳에서 고양이를 만났다면 어쩔 수 없이 다른 사람을
기다리라고 할 거예요.

미래: 저는 고양이가 진짜 너무 배고파 보인다면 가방에서 츄르 같은 간식을 꺼내서
줄 거예요. 근데 웬만하면 안 줄 것 같아요. 사실 츄르는 염분도 많고 몸에 좋지
않잖아요. 다른 사람이 이미 많이 줬을 수도 있고요.

해솔: 저도 서윤이처럼 집에서 가까운 곳에서 고양이를 만나면 집으로 얼른
달려가서 먹을 걸 가져오고 아니면 그냥 지나갈 것 같아요.

그럼 동네고양이를 만져도 될까요?

서윤: 고양이 외관을 봤을 때 고양이가 침을 흘리는 등 많이 아파 보이면 만지지
않는 게 좋다고 생각해요. 또 새끼 고양이 같은 경우는 사람 냄새가 나면
어미가 안 데려갈 수도 있으니 안 만져요.

미래: 저는 제가 잘 아는 고양이고 영양 상태나 건강 상태가 괜찮아 보이면
좀 토닥여 줄 것 같아요. 그리고 서윤이가 말한 것처럼 털이 너무 엉겨
붙어있다거나 스스로 그루밍을 못 하는 것처럼 보이면 만지지 않을 것 같아요.

해솔: 사람을 무서워하는 고양이라면 멀리서 인사만 해주고, 고양이가 사람을 너무
좋아하거나 애교를 부리면 살짝 만져줄 것 같아요.

동네고양이한테 병이나 세균을 옮을 수도 있을까요?

> 서윤: 있을 수 있다고는 생각하는데, 손을 잘 닦고 소독을 잘하면 만져도 문제는
> 없다고 생각해요.
> 미래: 동네고양이를 쓰다듬고 나서 손을 안 씻고 집에 있는 고양이나 어린 아기 등을
> 만지면 안 돼요
> 해솔: 첫눈에 봐도 너무 아픈 고양이가 아니라면 만진 후에 손만 잘 씻으면 될 것
> 같아요.

동네고양이를 돌보는데 갑자기 고양이에게 밥을 주지 말라거나
위협을 하는 사람이 나타났어요. 어떻게 대처하는 게 좋을까요?

> 서윤: 저는 "밥 주지 마라" 하는 분을 만났을 때 그냥 일단 "죄송합니다"라고 말하고
> 밥 주던 자리를 깨끗이 치우고 떠났어요.
> 그러니까 더 이상 말씀 안 하시더라고요.
> 미래: 맞아요. 정리를 최대한 깨끗이 하고 그분들 눈에 안 띄게 몰래 주고 뒷처리를
> 잘하면 되는 것 같아요.

더 많은 사람이 동네고양이 돌봄에 동참하도록 하려면
어떻게 해야 할까요?

> 서윤: 고양이에 대한 관심이 많아져야 하니까 SNS 등으로 홍보를 잘해야 할 것
> 같아요.
> 미래: 저는 주변에 보면 고양이를 정말 좋아하거나 고양이에 죽고 못 사는 친구들이
> 있거든요. 그런 친구들을 살살 구슬려서 여기 고양이 있어~ 이런 식으로 같이
> 가서 동네고양이를 보고 자연스럽게 활동을 접하게 해야 하는 것 같아요.
> 해솔이 방식이에요. '고며들게' 하는 방법이죠. *tac!*

동물의사
Animal Doctor

동물의사

두 코숏이와 뚝뚝이의 누나이자 언니 장쌤과 진도믹스 보리의 언니 문쌤,
두 수의사가 고양이와 강아지의 건강하고 행복한 삶을 위해 반려생활의
실용 가이드라인과 동물권을 비롯한 동물 이슈에 의견을 제시하는 유튜브
채널입니다. 유튜브에서 미처 못다 한 말은 트위터로도 합니다.

왼쪽부터 장원정 수의사,
문지영 수의사

Youtube
동물의사 Animal Doctor

Twitter, Instagram
@animal__doctor

청소년 활동가들이 고양이 돌봄 경험에 대해 상세하게 이야기해 주었다.
활동가들도 활동하면서 궁금한 게 있었다는데, 이들의 궁금증을 해결하기 위해
수의사 선생님 동물의사가 답변한다.

동네고양이를 돌보다 사람이 고양이에게 옮을 수 있는
질병이 있나요? 예방법과 치료법은 어떤 게 있을까요?

사람에게 옮을 수 있는 가장 흔한 질환은 곰팡이성 피부염이에요. 곰팡이성
피부염은 특유의 원형 탈모 때문에 링웜(Ringworm)이라고도 해요. 피부 붉어짐과
가려움증이 생긴다면 피부과 병원에서 진료를 받으며 치료해야 해요.
감염된 고양이와 접촉하면 전염되는 것이기 때문에, 꼭 필요한 것이 아니라면
고양이를 만지지는 않는 것이 예방법이에요. 고양이에게 원형 탈모나 심한 각질이
있다면 더욱 주의해 주세요. 집에 고양이를 반려하고 있는 사람이라면 본인이
매개체가 되어 집고양이에게 여러 바이러스를 옮길 수 있어요. 그렇기 때문에
동네고양이를 돌본 이후에는 꼭 손을 깨끗이 씻고 가급적 옷도 갈아입은 이후에
집고양이를 만질 수 있도록 해 주세요.

동네고양이의 삶의 질을 높이려면 어떤 먹거리를
급여해야 할까요? 주면 안 되는 음식도 궁금합니다.

고양이가 길에서 생활을 하면 깨끗한 물을 마시는 것이 쉽지 않아서, 수분을
많이 포함하고 있는 먹을거리인 주식용 습식 캔을 제공하는 것도 좋아요. 하지만
여름에는 먹을 것이 쉽게 상하기 때문에 개봉한 후 바로 먹을 수 있게 해 주어야
해요. 고양이에게 강아지용 사료를 오랜 기간 먹게 하면 고양이가 필요로 하는
영양소의 부족으로 건강 이상이 발생할 수 있어요. 이외에도 사람이 먹는
음식물이라거나 날계란, 날생선, 날고기 등 날것도 급여하지 않아야 합니다.

동네고양이가 특히 취약한 질병이 있을까요?

동네고양이가 지내는 환경의 특성상 전염성 질환에 감염되기가 쉬워요. 제일 흔한
전염성 질환은 헤르페스(허피스) 바이러스고 칼리시 바이러스 감염도 많아요.
아주 흔하지는 않지만 고양이 백혈병 바이러스, 고양이 면역결핍 바이러스도
동네고양이의 생명을 위협하는 전염성 질환이에요. 범 백혈구 바이러스 또한
감염되기 쉬운데, 이 바이러스는 고양이의 생명을 위협할 수준의 문제를 보일 수
있어요. 고양이 전염성 복막염은 코로나 바이러스의 감염과 관련이 있을 것으로
보는데, 그 발현 기전이 분명치는 않지만 주로 길 생활을 한 고양이에게서 보이는
편이에요.

고양이 구내염의 원인과 치료 방법이 궁금합니다.

구강에 염증이 유발된 상태를 통틀어 '구내염'이라고 해요. 구내염을 유발하는 원인은 굉장히 다양한데, 동네고양이에게 노출되기 쉬운 칼리시 바이러스 감염에 의해서도 구내염이 유발될 수 있어요. 치석이 원인이 될 수도 있는데 이것이 문제라면 스케일링 치료와 약물 치료를 병행하고, 이빨이 원인인 구내염이고 증상이 너무 심하다면 이빨 전체를 수술적으로 뽑아낸 후 약물 치료로 관리를 해요. 하지만 동네고양이는 그렇게까지 하기는 어려우니 당장의 통증과 불편을 덜어 밥을 먹을 수 있도록 증상 완화를 위한 약물치료 정도를 시도할 수 있어요.

다친 고양이에게 약을 발라주거나 치료를 해주고 싶은데
고양이들이 도망을 가요. 쉽게 치료할 수 있는 방법이 있을까요?

다쳤을 때 약을 발라주는 것도 생각해 볼 수 있지만, 약을 바르기 위해서는 고양이를 붙잡고 관리를 할 수 있을 정도가 되어야 해요. 그런데 이 과정 중에 고양이가 사람에게 순화되어버리거나, 순화되지 않는다면 과도한 스트레스를 받아요. 동네고양이가 계속 길에서 살아야 한다면, 나쁜 사람들의 해코지를 방지하기 위해서 사람에게 어느 정도의 경계는 갖게 해 주는 것이 좋아요. 그렇기 때문에 동네고양이가 다쳐서 치료를 해야 한다면, 몸에 직접 외용제를 발라주려고 하기보다는 먹을 것에 섞어줄 수 있는 약을 먹으면서 회복할 수 있게 하는 것이 좋아요. *tac!*

동물을 만나고

알고
움직이다

왼쪽부터
희동이, 똘추, 노랭

interviewer **mumu**
photographer **podo**

똘추
비인간동물과 과일을 좋아하는
똘추입니다.

instagram
@ddooolchoo

노랭
그늘에 누워있는 삼색이를
좋아하고 여름 바다와 하늘에서
내리는 눈을 좋아합니다.

instagram
@nuraeng0v0

두 청소년 활동가 똘추, 노랭으로부터 동물을 만나 알아가고 행동하는 과정을 듣는다. 여러 동물과 소중한 경험을 쌓아온 노련한 활동가인 그들은 세상이 청소년에게 그어놓은 경계선에 부딪히기도 하지만 멈추지 않고 그 너머를 향해 기민하게 움직인다. 똘추, 노랭의 이야기를 통해 우리에게 어떤 앎이 필요한지 되물어 볼 수 있을 것이다.

소개

—— 자기소개 부탁드립니다.

노랭   저는 성미산학교 다니고 있는 노랭이라고 합니다.

똘추   저는 똘추입니다.

—— 닉네임이 특이한데 어떻게 짓게 됐는지 알 수 있을까요?

노랭   학교에서 OO누나나 OO형 이렇게 부르게 되면 그 사람의 성별을 추측하게 되거나 나이로 위계가 생기는 점 때문에 별명을 쓰기로 했어요. 별명을 정할 때 딱 생각나는 게 없고 의미를 새롭게 만들기도 어렵고 해서, 그냥 어감이 좋고 저는 노란색을 좋아하기도 해서 노랭이라고 했고요.

똘추   별명 지을 때 '덕수' 같이 옛날 느낌이 나는 이름으로 하고 싶어서 생각하다가 똘추가 떠올랐어요.

뜻을 검색해 보니까 "또라이 추리닝"이 제일 위에 뜬 거예요. 그게 좀 웃겨서 똘추로 했어요.

—— 재학 중인 학교가 대안학교라고 들었는데 학교 커리큘럼이 재밌는 게 많아 보이더라고요. 성미산학교가 어떤 학교인지 설명해 주실 수 있을까요?

똘추   우리 학교는 12년제예요. 일반학교로 치면 초등학교 1학년부터 고등학교 3학년까지 있어요. 주된 키워드가 마을학교, 생태학교, 그리고 장애-비장애 통합 교육 등이 있어요. 초등 과정 때부터 살림 프로젝트라고 해서 옷, 집, 밥 의식주를 배우고 농사도 짓고요. 중등 과정 때는 농사도 짓지만 목공이라든가 아니면 화덕을 만드는 적정 기술[1]을 배워요.

전일반학교 고등과정을 포스트 중등이라고 부르는데, 이때는 지금까지 배웠던 거를 마을이나 사회와 연결해요. 밀양[2]에 연대하러 가서 감을 따기도 하고 대전에 유해 발굴하러 간

---

[1]   적정기술이란 그 기술이 사용되는 사회 공동체의 정치적, 문화적, 환경적 조건을 고려해 해당 지역에서 지속적인 생산과 소비가 가능하도록 만들어진 기술로, 인간의 삶의 질을 궁극적으로 향상시킬 수 있는 기술을 말한다.

[2]   밀양에서는 2006년부터 고압 송전선의 유해성과 환경파괴, 농사피해 등의 이유로 초고압 송전탑 건설 반대운동이 진행되고 있고 2012년 밀양 주민 이치우(74)의 분신으로 주요한 사회적 문제로 공론화되었다.

위 잔디,
아래 새벽이

다거나 아니면 해군기지가 세워진 강정에 가서 연대하기도 해요.

만나다

—— 그동안 활동하신 내용을 찾아보니 다양한 동물을 만나셨더라고요. 돼지도 돌보고 소 살리기 프로젝트에 참여하고 비둘기도 구조했고요. 어떤 동물들을 만나왔는지 설명해 주실 수 있을까요?

노랭 2학년 때 '주제탐구'라는 수업이 있었어요. 그때 그때 주제를 정해 공부하는 수업인데 알을 부화시키는 '알과 씨앗'이라는 프로젝트를 진행했어요. 처음에는 그냥 마트나 생협에서 유정란을 사서 시도했는데 그때는 부화가 안 됐어요. 그래서 학교 선생님의 가족이 운영하시는 농장에서 닭알이랑 오리알을 받아와서 부화시켰어요. 그때 부화된 세 명[3] 과 같이 살다시피 하면서 교실에 싼 똥도 치우고, 점심시간에는 학교 안에 있는 중앙 정원으로 나가서 같이 밥 먹기도 했어요. 닭이랑 오리가 더 크고 나서는 학교가 좁아져서 농장 학교라는 곳으로 이동해서 평창에서 살았어요.

그리고 10학년 때 제주도로 이동학습을 하러 갔던 때가 있었는데 그때 바다 근처 집에서 거의 정착해서 지냈어요. 농사일 돕고 작물을 얻어와서 먹고 살다가 같이 살던 마을 분이 통발로 낚시하는 법을 알려주신다고 해서 바다에서 손으로 문어를 잡았어요. 마트에서 파는 물살이[4]는 직접 잡고 손질하는 과정

이 생략된 채로 식탁에서 만나는데 그때 처음으로 물살이를 직접 잡는 것부터 죽이는 과정까지 다 봤어요. 옆에서 친구가 죽였거든요. 죽이는 친구의 표정을 보면서 그 감각이 다 전해지더라고요. 그때 좀 다른 경험을 했던 것 같아요.

—— 새벽이생추어리[3]에서 돼지인 새벽이랑 잔디를 보살피는 보듬이 활동과 동물해방물결에서 진행한 '인천 소 살리기 프로젝트'[6] 에는 어떻게 참여하게 되었나요?

똘추 포스트 중등 과정에 필드워크라는 과목이 있어요. 자기가 원하는 관심사와 맞는 사람들끼리 팀을 꾸려서 필드에 나가서 일하는 과목인데요. 그때 동물해방물결과 새벽이생추어리와 관련해서 활동을 해보려고 팀을 구성했어요. 마침 동물해방물결에서 농장에서 소들을 구조하려는 프로젝트를 세우고 있어서 저희도 참여하게 됐어요. 마을 사람들 대상으로 이런 프로젝트가 있다는 걸 알리고, 소를 농장주한테서 사서 데리고 오기 위한 기금을 마련하는 일을 했어요.

알다

—— 새벽이생추어리에서 보듬이 활동[7]을 하면서 돼지를 직접 만나고 알게 되는 것은 그전에 돼지에 대해서 알고있던 것과 느낌이 달랐을 것 같아요.

---

[3] '명'은 동물권 단체 동물해방물결에서 인간과 구분해서 비인간 동물을 세는 '마리' 대신 사용하자고 제안한 단어이다. 이때의 '명'은 인간을 셀 때 쓰는 '이름 명(名)'이 아니라 '목숨 명(命)'이다.

[4] '물살이' 또한 동물권 단체 동물해방물결에서 '물고기' 대신 사용하자고 제안했다. '물고기'라는 단어는 '물'과 "식용하는 동물의 살"이라는 뜻의 '고기'로 이루어져있다. 살아 숨쉬는 독립적인 존재를 지칭하는 단어가 인간이 '식용하는 살'인 것은 부당하다는 문제의식에서 제안된 단어이다. 윤나리, "2021 동물권 행진 : 물고기 아니고 물살이," 〈동물해방물결〉, 2021년 8월 25일, https://donghaemul.com/story/?idx=249

[5] 생추어리는 공장식 축산 등 동물 착취 산업의 피해 동물들이 살아가는 곳이다. 새벽이생추어리에는 농장에서 구조한 돼지 새벽이와 실험동물이었던 돼지 잔디가 지내고 있다.

[6] 2021년 6월에 동물해방물결에서 인천의 한 농장에서 여섯 명의 소를 구조하였다.

[7] 새벽이 생추어리에서 새벽이와 잔디의 일상을 돌보는 일을 보듬이 활동이라고 부른다

똘추 대부분 비인간 동물이랑 관계를 맺을 때 인간과의 관계만큼 심혈을 기울이지 않잖아요. 그런데 새벽이와 잔디한테는 인간보다 더 살피고 기분을 파악하고 내가 지금 하는 행동에 대해서 돌아보게 됐어요. 지금까지 친구네 고양이나 같이 학교에 다니는 강아지 희동이와 관계를 맺을 때 어땠는지 생각하게 됐죠. 그리고 전에는 돼지고기를 봐도 떠오르는 모습이 어떤 영상에서 본 살아있는 돼지가 도살장에 끌려가는 모습 정도였다면 내가 아는 돼지가 생기니까 돼지고기를 봤을 때 확실히 느낌이 달랐어요.

노랭 돼지를 그렇게 가까이에서 만날 기회가 잘 없잖아요. 처음 봤을 때부터 관계를 맺어나가면서 하나하나가 너무 새로웠어요. 각각의 고유성을 좀 더 많이 느끼면서 관계를 맺었던 것 같아요. 똘추 말대로 그냥 영상에서 본 어떤 존재가 아니라 진짜 내가 아는, 나와 관계 맺은 존재와 연결됐을 때 생각이나 경험이 좀 더 확장됐던 것 같아요.

—— 새벽이와 잔디랑 언어로 소통이 안 돼서 상태를 잘 모를 때도 있잖아요. 돼지들이 뭘 원하는지 어떻게 아나요? 유튜브나 책을 보았을까요?

똘추 새생이(새벽이생추어리 운영활동가)들이랑 보듬이(돌봄활동가)들이랑 같이 이야기 나눌 수 있는 자리가 일주일에 한 번 있거든요. 궁금한 게 생기면 거기서 같이 이야기하고 그래도 모르는 게 있으면 인터넷에 찾아보긴 해요. 최근에는 새벽이랑 잔디가 산딸기를 먹어도 되는지 궁금했는데 인터넷에 '돼지 산딸기' 이렇게 검색하면 그냥 돼지고기랑 산딸기가 나오더라고요. 그래서 새생이분들이 외국에서 번역해 온 자료로 주로 정보를 얻어요.

새벽이나 잔디가 이런 목소리를 낼 때 기분이 어떤 건지 이런 건 같이 보듬이 활동하는 사람들끼리 얘기 나누면서 알아가고 있어요.

—— 가축이었던 새벽이, 제약회사 실험동물이었던 잔디, 이밖에도 길에서 사는 고양이 등 다양한 영역에 있는 동물들을 만나면서 차이를 느낀 적이 있나요?

똘추 또치는 고양이인데 차에 치였을 때 발견해서 병원에 가서 치료를 해줬어요. 그 당시에는 사람들이 치료비도 많이 모아주고 또치의 이야기를 퍼뜨리면 많은 마음이 모였는데 새벽이나 잔디는 어쨌든 훔친 돼지였고요. 농장에서 병이 든 돼지라서 활동가들이 구조해서 데리고 나왔지만, 세상에서는 그걸 훔쳤다고 하잖아요. 그러니까 (사람들이) 어떤 물건을 그냥 가지고 나온 것처럼 얘기하는 게 좀 다른 것 같아요. 비둘기 뽀득이나 소금이도 구조했었는데 비둘기를 봐주는 병원도 별로 없었어요. 사람들이 선호하는 동물에게만 시스템이 있다는 게 느껴졌어요.

노랭 새가 갈 수 있는 동물병원에서도 길에서 데려온 비둘기 치료 가능하냐고 문의했는데 위생상 안 된다는 말도 들은 적이 있어요.

움직이다

—— 고양이 또치와 비둘기 뽀득이, 소금이와 관련해서 진행했던 '다살기 프로젝트'에 대해서 설명해 주실 수 있을까요?

노랭 작년 하반기에 여러 동물을 구조하는 일이 연달아 있었어요. 고양이 또치도 그렇고 비둘기 뽀득이, 소금이 그리고 점심이라는 고양이 등 계속 동물들을 구조하게됐어요. 그들을 책임지고 치료하기 위해서 치료비가 필요했어요. 비인간 동물은 보험이 안 돼서 치료비가 많이 들더라고요. 그 비용을 모으려고 시작했던 프로젝트가 다살기 프로젝트예요.

처음에는 다른 시민단체 지원이 가능한지 찾아봤는데 청소년이라서 지원이 안 되더라고요. 학교에서는 계속해서 구조하는 일이 생기는데 어떻게 하면 책임지고 구조할 수 있을까 고민하다가 프로젝트를 진행하게 되었습니다.

—— 어떻게 후원금을 모았나요?

똘추 당시에는 청귤청을 직접 담아서 팔거나 아니면 화분을 저렴하게 사 와서 후원해 주시는 분께 드리는 식으로 했지만, 그 방식이 너무 단기적이고 계속 자금이 굴러갈 수 있어야 지속 가능하겠다는 생각이 들어서 '다살기 구조 동물 지원 프로젝트'를 시작했어요. 동물을 구조한 청소년에게 돈을 지원해 주고 학교나 마을 사람 대상으로 동물권을 공부할 수 있는 프로그램을 하는 프로젝트인데요. 학교에 계획서를 써서 내면 어느 정도 지원해 주는 기금이 있어요. 그 지원금을 조금 받게 되어서 씨앗 자금 삼아 보려고요. 자금을 어떻게 키울지는 아직 생각을 못 했지만, 최근에 홍보를 시작했어요.

—— 다른 청소년 활동가들에게 지원도 해준다고 하셨는데 동물단체에 지원받으려고 했을 때 청소년이라서 안 된다는 말에 문제의식을 갖고 기획하신 걸까요? 그때 기분이나 생각이 어떠셨는지 궁금해요.

똘추 그 단체들은 어쨌든 동물을 데려온 건 청소년

이더라도 보호자들이 허락을 해줘야 이 동물의 앞날이 보장되기 때문에 청소년한테는 지원해줄 수가 없고 비청소년[8]의 동의가 있어야 지원을 해줄 수 있다는 입장이었어요. 그래서 직접 담당자를 만나서 물어보기도 했는데 여태껏 청소년이 책임을 못 져서 불상사가 일어난 적은 없었다고 하더라고요.

저희는 책임을 못 질 거니까 지원을 못 해준다는 방식보다는 오히려 지원해 주는 게 더 책임을 질 수 있도록 함께하는 방법이라고 생각해요. 그래서 청소년한테 지원해야겠다고 생각했어요.

—— 또치랑 비둘기들이 생사를 오가는 상황마다 계속 치료를 이어 나가야 할지 아니면 그냥 그들이 원래 살던 곳에서 죽는 게 나을지 이런 고민을 하셨을 것 같은데요. 고민이 들 때 어떻게 결론을 지으셨는지가 궁금합니다.

노랭 처음에는 또치가 계속 살았으면 좋겠다는 마음이 절실했어요. 사람들이랑 생각을 나누면서 또치한테는 어떤 게 더 좋은 선택일까 하는 고민이 들었어요. 그리고 그런 고민을 계속해 나갔어요. 결국 또치는 병원에서 죽었지만, 그 고민은 끝나지 않았어요. 어떤 존재를 만나도 저는 그 고민을 똑같이 할 것 같아요.

—— 결론을 내리기 쉽지 않은 고민인 것 같아요. 똘추님은 어떠셨나요?

똘추 또치도 그렇고 정확한 마음을 알 수 없고 소통이 안 되는 존재들 대신 결정을 내려야 하는 상황이 닥치면 이 결정이 옳은지를 알 수 없다는 생각을 했어요. 또치 때에는 결정 자체를 제대로 못 내렸어요. 비둘기 소금이는 길고양이에게 한쪽 날개가 물리는 사고를 당해서 구조

[8]   성인을 일컫는 말. 성인중심주의와 나이주의에 비판적인 문제의식 아래에서 '다 자란 사람'을 뜻하는 '성인(成人)' 대신 '비청소년'이라는 용어가 사용된다.

병원에서 치료받던 또치

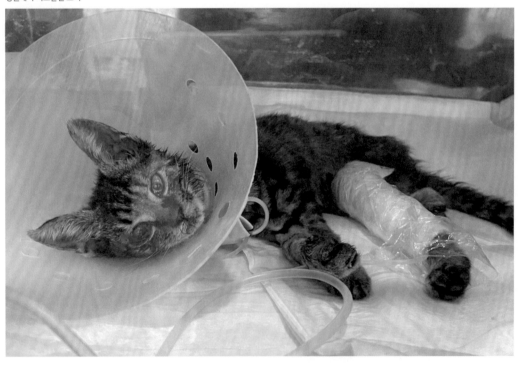

비둘기 소금이

를 했어요. 치료가 끝나긴 했는데 날개를 자른 상태여서 날지 못해요. 소금이도 계속 올해 초까지 학교에서 살았었거든요. 그런데 몇 번 학교 밖으로 나가는 일이 있었어요. 그래서 소금이가 여기서 사는 게 행복한 게 맞는지, 다른 데로 옮겨야 하지 않을지 얘기했었어요. 그런데 이야기를 나누는 도중에 소금이가 또 한 번 나가서 다시 안 돌아왔어요.

결국 마을 사람들한테 전단을 돌려서 소금이에 대한 제보를 받았어요. 만일 제보가 들어와서 소금이 상태가 안 좋은 거 같으면 다시 병원에 데려가거나 데려와서 다르게 살 방법을 의논하고 만약에 밖에서 잘 살고 있는 것 같으면 그냥 그대로 잘 살게 두기로 결정을 했어요. 그 결정을 내리기까지 많이 얘기를 나누면서도, 그전에 소금이가 학교에서 사

는 게 행복했을까, 우리가 뭐 다른 걸 해줬어야 했나 같은 얘기를 나누면서도 사실 진짜 소금이 마음을 알 수가 없잖아요. 이런 일을 하는 게 너무 어려웠어요.

— 의논을 두 분이서 하는 건가요, 아니면 같이 그 프로젝트에 참여하는 분들이 더 있는 건가요?

노랭   또치는 포스트 중등에서 같이 이야기했었고 소금이에 관해서는 학생회라고 중등과 포스트 중등이 같이 모여서 이야기하는 자리가 있었어요.

— 그럼 의견을 나눠서 어떻게 합의를 이루나요, 투표를 하나요?

노랭   계속 이야기를 나누고 간간이 어느 의견이 많

은지 몇 번 손들어보고 했는데요. 사실 이게 완전 다수결로 풀어야 할 문제는 아니라고 생각해서 계속 그냥 설득하고 설득당하고 그다음에 손들어서 결정하고 이런 과정의 연속이었어요.

—— 회의에 참여했던 학생들 모두 무거운 마음으로 같이 고민하고 얘기를 했겠네요.

노랭 근데 아마 얼마나 관계를 맺었는지에 따라서 마음가짐은 조금씩 달랐을 것 같아요.

—— 동물 구조 활동이 감정적으로도 힘들기도 하고 어떻게 해야 할지 알 수 없어서 혼란에 빠지기도 할 것 같은데 이렇게 쉽지 않은 활동을 어떻게 이어올 수 있었을까요?

똘추 선택했다고 하기는 좀 그렇고요. 사고당한 또치를 발견했으니까 계속했던 것 같아요. 또치의 경우에는 제가 마지막까지 안락사에 대해서는 좀 부정적인 입장이었는데 당시에 같이 얘기 나누고 있었던 사람 중에는 안락사하자는 의견들이 있었어요. 그때 좀 서운한 마음이 있기도 했어요. 왜냐하면 사실 또치를 한 번도 안 보고 그런 말들을 하는 사람들도 있었거든요. 어쨌든 같이 고민하는 사람들 덕분에 더 활동을 이어갈 수 있었던 거 같아요.

—— 노랭님은 어떻게 활동을 이어가실 수 있었나요?

노랭 저는 어떤 일이 있을 때 판단보다 감정이 앞서는 경우가 조금 많아요. 저 혼자였으면 그냥 감정만 쏟아내고 끝났을 텐데 사람들과 좀 얘기하면서 대안을 마련하기도 하거든요. 저도 그런 점들 때문에 지속하게 되지 않았을까 싶어요.

—— 다살기 프로젝트 할 때 혹시 '병원비 어떡하지' 이런 생각은 안 들었어요?

노랭 처음에는 좀 들었어요. 영수증 내역을 보고 우리가 이런 돈을 벌 수 있나 하는 생각이 들었는데 그냥 일단 급한 거부터 내보자는 심정으로 했는데 막상 청귤청 만들고 하는 건 재미있게 했던 것 같아요. 좀 막막했지만 그래도 어떻게 한 것 같아요.

앞으로

—— 요즘 동물권 관련해서나 동물권 말고도 관심을 가지고 있는 게 있나요?

똘추 저는 새벽이생추어리에 계속 가고 있고요 작년 경남 어류양식협회에서 방어랑 참돔을 던지면서 시위하는 일이 있었는데 그때 많은 물살이가 죽고 다쳤어요. 그 일이 재판까지 갔거든요 판결이 원래 식용으로 태어난 경우에는 그런 식으로 죽어도 죄가 될 수 없다고 나왔어요.

그리고 동물권이랑 관련 없지만 얼마 전 트위터에서 사람들이 좋아하던 나이 많은 능소화 나무가 있었는데 그걸 막 잘라버린다거나 아니면 오리 가족에게 돌 던져서 죽인다거나 이런 식으로 혐오 범죄가 엄청 많은 것이 속상하고 화나더라고요.

노랭 저는 곧 열리는 퀴어 퍼레이드에 관심이 있고요. 새벽이생추어리도 계속 가고 싶은데 학교 일정이 평일과 주말 모두 잡혀있어서 방학 때 가려고 고심하고 있고요. 그리고 아까 똘추가 말했던 이슈도 그렇고 사실 그전에도 길고양이 급식소에 뭐 타서 죽는 일도 많았잖아요. 그런 범죄가 계속 이어지고 있다는 느낌도 많이 받았어요.

— 앞으로 목표가 있을까요?

노랭 저는 계속 궁금해하는 거요. 여기저기서 벌어지는 일들을 계속 궁금해하는 게 목표입니다.

똘추 새벽이생추어리를 계속 가는 게 목표고요. 그리고 어떤 의제에 대해서 앞장서서 싸운 사람들이 있잖아요, 근데 저는 약간 그렇게까지는 못할 것 같으니까 살면서 할 수 있는 거 하면서 가끔 그 사람들이 기획하면 좀 같이 나가 보고….

노랭 내 생각엔 네가 어느 순간 앞에 있을 것 같아.

똘추 아니야. (웃음)

— 이미 또치 만나면 구조해야겠다 하고 비둘기 소금이 만나서 또 구조해야겠다, 이렇게 바로바로 행동하셨잖아요. 나중에 인터넷에서 앞에 서 계신 모습을 보는 거 아니에요? (웃음) 그런데 도움이 필요한 동물을 보고도 바로 구조 못하는 경우도 있잖아요. 두 분은 생각을 하면 바로 행동을 해오셨던 것 같아요.

똘추 구조는 친구들이 같이 있고 학교에서도 같이 책임져줄 수 있다는 점이 좀 컸던 것 같아요. 그래서 바로 뭘 할 수 있었던 것 같고요 새벽이생추어리는 처음에는 학교 수업 시간 때문에 참여했지만, 새벽이랑 잔디를 만나는 게 너무 좋았어요.

노랭 상황이 좀 맞았던 것 같아요. 뭔가 일을 하려고 할 때 걱정을 많이 하는 편인데 사람들과 같이 있어서 행동으로 바로 이어지기 좋았던 환경이었던 것 같아요. 그래도 저는 딱 생각했을 때 바로 행동으로 이어지는 그런 사람이 되고 싶긴 해요.

— 확실히 옆에서 누군가와 같이할 때 좀 더 추진력을 얻을 수 있는 것 같네요. 청소년 활동가로서 세상에 하고 싶은 말이 있을까요?

똘추 인간이 일방적으로 자연을 파괴하고 자기 살고 싶은 대로 살아서 기후 위기까지 왔잖아요. 그래서 살고 싶으면 다 같이 살 방법을 생각해야 한다고 말하고 싶어요. 이제는 선택이 아니라 꼭 그렇게 해야 살 수 있다고 생각해요.

노랭 저번에 글❾을 썼을 때 마무리로 '동물 해방은 모두의 해방이다'라고 썼는데 그 말을 하고 싶어요. 그 동물에는 인간이 포함돼 있어요. 청소년이나 어린이도 있고요. 동물해방은 모두의 해방이다. *tac!*

❾ 노랭과 똘추는 《오늘의 교육》 67호에서 동물권을 이야기하게 된 과정에 대해 글을 썼다. 김규림(똘추), 박혜진(노랭), 〈우리는 어떻게 동물권을 이야기하게 되었는가〉, 《오늘의 교육》, 2022년 3월.

학교 앞에 사는 동네고양이.
편안하게 누워 있다

동물권 교육
프로그램

서울특별시교육청

 홈페이지

교육명	〈생명존중 동물사랑〉 교육자료		
교육 일시	자료 제공 형태		
교육 대상	초등	중등	고등
교육 목표	생명존중, 동물복지에 대한 인식을 함양하고 인간과 동물의 공존 및 올바른 관계에 대한 동물복지 교육을 돕고자 교과수업과 연계하여 개발된 교육자료	펫티켓과 에티켓, 반려견 응급처치 방법 등 교과수업과 연계한 총 17가지 주제로 동물의 삶에 대해 살펴보고 이를 통해 생명의 존엄성을 배울 수 있도록 구성한 교육자료	신종 감염병 확산과 같은 위기 상황을 깊이 이해하고 생명체의 존중과 협력, 생태계 평형, 순환의 중요성을 깨달아 생명 공존의 방법을 실천하며 건강하고 희망적인 현재와 미래를 만들기 위해 제작된 영상자료
프로그램 내용	1단계: 동물에게 '관심갖기' 주변의 동물을 관찰하여 다양한 동물이 함께 살고 있음을 알고 관심을 갖는다. 2단계: 동물과 '친해지기' 반려동물의 특성을 이해하여 바르게 대하며, 책임감을 가지고 돌보는 태도를 갖는다. 3단계: 동물과 '함께하기' 반려동물 외에 전시동물, 농장동물, 야생동물을 대상으로 한다. 이러한 동물의 생활모습을 살펴보면서 동물복지를 실현할 수 있는 방안을 모색하고 실천의지를 갖는다.	1. 인간과 동물의 만남 2. 내 마음을 표현하기 3. 펫티켓과 에티켓 4. 안내견, 구조견, 탐지견에 대한 이해 5. 길에서 태어났으나 우리의 이웃입니다 6. 동물 형상 만들어 감정 이입하기 7. 동물에게 관심 갖기 8. 야생동물, 무엇이 문제인가 9. 야생 동물 보호하기	1. 신종감염병의 주요 원인은 동물학대와 자연파괴 2. 모든 생명은 서로 협력하여 공존, 공생해야 한다. 3. 기후 – 생태계 – 야생동물 – 인간의 건강은 모두 하나 4. 생물 다양성은 생태계 건강의 지표 5. 감염병 시대, 생명존중과 생태계 회복을 실천해야 할 때 6. 생태도시와 환경도시의 사례

교육신청방법

홈페이지 자료제공

고등학생용

초등학생용

중학생용

동물권행동 카라

 홈페이지

틴카라	찾아오는 동물권 교육	접속하는 동물권 교육	동물권 더배움
매해 4회 강의	4~11월 중	4~11월 중	매해 4회 강의
중고등학생	초등, 청소년, 성인	초등, 청소년, 성인	동물권에 관심 있는 시민

틴카라

2018년부터 매년 진행해온 10대 동물권 활동가 교육 프로그램

윤리적인 소비, 동물과의 공존, 공교육과 동물권, 동물영화제 등 매년 다양한 주제로 전문가와 동물권 활동가의 강연과 자기주도적으로 참여할 수 있는 토론 및 활동프로그램을 진행하며, 특히 10대 활동가의 네트워킹을 도모한다.

2022년 틴카라
지금 우리 학교는

1. 틴카라 오리엔테이션
   활동① 지금 우리 학교는
   활동② 학교와 동물
2. 동물의 현실① 길고양이
   동물의 현실② 실험동물
3. 동물의 현실③ 전시동물
   동물의 현실④ 농장동물
   활동③ 우리 학교 급식은
4. 함께하는 비건 점심식사
   활동④ 교육감 후보에게
   묻는다 / 틴카라 수료식

카라 교육아카이브팀

전화: 070-4760-1206
메일: edu@ekara.org

찾아오는 동물권 교육

동물권 활동이 활발히 이루어지는 카라의 더불어숨센터에 방문하는 교육 프로그램

카라 센터 소개와 다양한 주제 교육을 제공하여 생명 감수성을 더욱 넓고 깊게 전파하고자 한다.

2022년 찾아오는 동물권교육

1. 카라활동소개
2. 우리주변에 있어요
3. 반려동물, 또 하나의 가족
4. 올바른 돌봄으로 반려견과 평생 행복하개
5. 길고양이로 산다는 것, 공존하기
6. 공장식 축산의 문제와 해결 방안
7. 동물은 물건이다? 동물에게 합당한 법적 지위를!
8. 동물을 위한 일상의 실천
9. 동물의 감정과 동물의 권리

카라 교육아카이브팀
동물권 교육담당자

전화: 02-3482-0999,
       070-4760-1203
메일: edu@ekara.org

접속하는 동물권 교육

연령과 주제에 제한이 없는 모두의 교육이 되도록 노력하며, 물리적 거리와 관계없이 서로 소통하며 참여하는 교육프로그램

실시간으로 온라인 교실에 접속하는 방식으로 진행하며, 참여자들이 원하는 장소에서 참여할 수 있다. 서울, 경기 등 수도권에 집중된 기존의 찾아가는 동물권 교육의 한계를 뛰어넘기 위한 시도이다.

2022년 접속하는 동물권교육

1. 카라활동소개
2. 우리주변에 있어요
3. 반려동물, 또 하나의 가족
4. 올바른 돌봄으로 반려견과 평생 행복하개
5. 길고양이로 산다는 것, 공존하기
6. 공장식 축산의 문제와 해결 방안
7. 동물은 물건이다? 동물에게 합당한 법적 지위를!
8. 동물을 위한 일상의 실천
9. 동물의 감정과 동물의 권리

카라 교육아카이브팀
동물권 교육담당자

전화: 02-3482-0999,
       070-4760-1203
메일: edu@ekara.org

동물권 더배움

2019년부터 동물권의 경계를 유연하게 확장함과 동시에 동물권에 관심 있는 시민들에게 마중물이 되고자 진행하는 동물권 교육 프로그램

과학, 철학, 의학, 예술 등 다양한 분야의 전문가들과 함께 동물과 동물권에 대하여 살펴본다.

2022 집중강좌 길고양이

1강 우리 시대의 생명과 폭력

2강 가벽 너머에서 일어나고 있는 일 동물권 감수성 시각으로 문화예술 다시 보기

3강. 도시 속 길고양이는 무엇을 돌보는가?

4강 고양이활동가와 카라활동가가 함께 생각해보는 '도심에서 길고양이와 관계맺기'

카라 교육아카이브팀
동물권 교육담당자

전화: 02-3482-0999,
       070-4760-1212
메일: edu@ekara.org

동물권 교육 프로그램	생명다양성재단	핫핑크 돌핀스	
교육명		돌고래학교	고래학교
교육 일시	상시	매년 8월 초중반 3박4일	상시모집
교육 대상		8~13세	청소년
교육 목표	"알면 사랑한다. 사랑하면 표현한다." 생명존중의 철학을 바탕으로 지구를 살리고 개인의 삶의 가치를 높일 수 있는 다양한 형태의 교육 프로그램	고래류 보호와 해양생태계 보전, 나아가 생태적인 삶의 중요성을 알리기 위한 어린이 에코캠프 야생 돌고래 육상생태관찰과 스노클링 등 다양한 해상활동을 통해 바다와의 친밀감을 높이고, 육식 섭취와 화학 살충제/세제 사용 최소화를 실천하며 타생명과의 평화로운 공존을 익힌다.	국제보호종인 제주 남방큰돌고래의 생태적 특성에 대해 알아보고 직접 야생 남방큰돌고래를 만나보는 교육 프로그램 야생 남방큰돌고래들에게 미치는 영향을 최소화하기 위해 육상에서 생태관찰을 진행한다.
프로그램 내용	단체와 협의하여 구체적인 프로그램 내용을 자유롭게 구성할 수 있다. 변화의 여파 변화의 여파는 기후 변화가 지구상의 모든 생물에게 끼치는 영향을 이해하고 실감하는 교구로, 미래세대가 기후변화로 인해 겪는 상황을 인지할 수 있도록 개발되었다. 메모리 게임과 입체 모형이라는 두 가지 성분을 결합한 변화의 여파는 기후위기의 시급성을 머리로 깨닫고 몸으로 느낄 수 있도록 한다. 생명다양성교실 프로그램 전문 강사가 매주 학교를 방문하여 학생들과 생태, 환경에 관한 야외활동과 심화수업을 진행한다.	바다로 돌아간 제돌이 - 돌고래의 생태적 특성 알아보기 - '바다로 돌아간 제돌이' 동화책 낭독 - 돌고래 야생방류과정 알아보기 - 돌고래를 위해 우리가 할 수 있는 일 알아보기 - 야생남방큰돌고래 생태 관찰	고래학교 - 바다 이름 짓기 - 진정한 나를 찾아서 - 공존을 위한 행동
교육신청방법	전화: 02-3277-4514 메일: hello@diversityinlife.org	별도 공지 (홈페이지 참고)	제주돌핀센터 064-772-3366
홈페이지 자료제공	홈페이지	홈페이지	

동물자유연대

유아 동물보호 교육 활동지	초등학교 동물 보호 교육 자료	반려동물 문화 정착 사업
자료 제공 형태	자료 제공 형태	자료 제공 형태
4-6세	7-12세	성인
유아 동물보호 교육 시청각 자료 유아들이 동물보호에 대한 인식을 향상시키고 동물을 사랑할 수 있는 전반적인 이해를 도와주어 올바른 행동을 실천하게 되는 계기를 제공한다.	어린이의 감성에 맞고 올바른 인성 교육을 위해 제작한 교재 현재 대부분의 학교에서 사용하는 교과서의 주 내용은 동물이 이용 대상이라는 인식을 심어주기 쉽다. 생명 존중 의식과 어린이 인성교육의 중요성을 인식하여 교육전문가와 협업하여 제작한 교수 지도안과 참고자료	올바른 반려견 문화 정착을 위해 반려 가족을 대상으로 2016년부터 실행하는 성인 대상 교육 사업

동물사랑 동물보호 우리가 지켜나가요	1. 동물과 인간 동물을 자원이 아닌 생명으로서 가치를 생각해 본다.	슬기로운 반려생활
1. 나의 소중한 반려동물 내가 키우거나 키우고 싶은 반려동물을 보살펴주는 모습을 그림으로 표현함으로써 반려동물을 사랑하는 마음을 심어준다. 2. 동물사랑의 올바른 행동 찾기 O, X 퀴즈를 통해서 동물들을 올바르게 대하는 방법에 대해서 인식하고 올바른 행동에 대한 분별력을 가진다. 3. 멸종위기의 동물들 멸종위기의 동물들이 왜 멸종위기에 처하게 되었는지 알아보고 환경보호를 통해서 멸종위기의 동물들을 보호하는 방법을 배운다. 4. 동물사랑 문장 만들기 동물들이 하나의 생명체임을 인식하고, 반려동물을 돈으로 사는 것이 아니라 입양을 통해서 함께 살아가야 한다는 것을 배운다.	2. 반려동물 가족의 구성원으로서 인간의 삶 깊숙이 들어와 있는 반려견, 반려묘를 이해하고 사랑하는 법을 배운다. 3. 농장동물 농장동물의 삶에 대해 알아보고 우리가 동물을 위해 할 수 있는 방법을 함께 모색해 본다. 4. 전시동물 동물원과 쇼동물에 대해 알아보고 생명을 존중하는 태도를 갖추어 우리가 할 수 있는 일이 무엇인지 알아본다.	반려동물과 안전하고 슬기롭게 살아가기 위한 교육영상 1. 개와 인사하는 방법 2. 반려동물 입양 이야기 3. 개가 있는 집에 놀러갈 때 유의점 4. 동물과 함께하기 위해 고민할 점 5. 동물행동전문가가 얘기하는 펫티켓 6. 실전! 둔감 훈련1 7. 실전! 둔감 훈련2 8. 동물행동전문가가 얘기하는 펫티켓2 9. 실전! 둔감 훈련3

magazine tac!
어린이와 고양이

발행인	김경진
편집장	포도
편집	포도, 무무
교정	무무
디자인	스튜디오 자율도 studio jayuldo
사진	홀리, 포도
커버	제주도 냥사모가 돌보는 오즈
필진	다니, 무무, 포도, 김중미, 김지은, 김동규, 동물의사(장원정, 문지영), 박일아, 신지은, 홀리
인터뷰이	강미정, 꼭빵, 노랭, 냥사모, 단단, 똘추, 묘한건축사무소, 박미래, 박서윤, 신소을, 이원호, 장해솔, 포도
Thanks to	김하연, 문현아, 안현선, 이예슬, 도서출판 마티, 문학과지성사, 미세기화실, 민음사, 서흥초등학교, 여유당, (주)메타플레이, 출판사 노란상상, 책공장더불어, 카페 매기의 추억

초판 1쇄   2022년 07월 20일

인천시 중구 신포로23번길 80 207호 〈매거진 탁!〉 캣퍼슨 사무실

magazine.tac@gmail.com

등록번호 인천중 사00005

등록일자 2022년 06월 24일

copyright. 2022 *magazine tac!*

〈매거진 탁!〉에 실린 글, 그림, 사진 등의 콘텐츠는 〈매거진 탁!〉의 허락없이 절대 사용할 수 없습니다.

ISBN 979-11-974940-2-4(03000)

ISSN 2799-2845

인천문화재단 IFAC   점점점

본 잡지는 인천광역시와 (재)인천문화재단의 후원을 받아 문화예술특화거리 점점점 사업으로 선정되어 발간되었습니다.